Dodging Energy Vampires

遠離能量吸血鬼

人際病態關係的原型

An Empath's Guide to Evading Relationships That Drain You and Restoring Your Health and Power

克莉絲汀・諾瑟普 博士（Christiane Northrup）——著

劉凡恩——譯

獻給光之工作者

我們的時代

終於到臨

目錄

【自序】

你的善良，不該被錯的人利用

此生我投身保健與療癒——先經傳統訓練成為婦產科醫師，再轉為一名提升女性健康意識、鼓舞她們身體力行的教育者。

數十年來站在女性保健第一線，我看到太多婦女碰到似乎無法解釋的健康狀況。她們飲食健康，保持運動，懂得照顧自己，家庭、工作、家人也都面面俱到。表面看來，一切都好。等我深入了解之後，發現毫無例外，每個問題的根源都藏著另一個人——一個活脫脫從她們身上吸取生命之血的人。我稱為能量吸血鬼的人。

被這種能量吸血鬼蹂躪的女性（男性亦然），泰半充滿愛心與同情，極度關懷旁人。實際上，他們在能量層面受人影響之深，遠超過所謂同情。見人受苦，他們不只難過而已，是幾乎如同自己體驗著那種磨難那樣痛徹心扉。這種女性屬於一種類型，叫做共感人（empaths）。而我估計，你會讀這本書，大概也是發現自己與這類型若干符合。

直到最近，整個社會還不大認識能量吸血鬼，醫學界與法律體系尤然。也因此，大家幾乎不了解這種問題多麼嚴重。

原本我也不明白我的病患承受著什麼，直到我自己面臨狀況，對此展開研究。身為共感人，我誤信所有人都懷抱一樣的同理心；我以為，不管誰傷害了家人同事，但本性原都善良，只因痛苦抗拒壓抑太久，才導致一時無法自制。我從沒想過，有些人天生就是掠奪者——旁人的體貼信賴，友善大度，足智多謀，都是他們的獵物。我無法想像，有人幾乎無法同理或同情，也沒有自我調整的意願或能力，而能量吸血鬼就是如此，他們有如變色龍，精於操弄，時時取之於人，卻從不回報。毫無所覺的共感人，往往敞開全部身心與存款，只盼有助療癒這些吸血鬼所謂的傷痛，實際上根本子虛烏有。不是共感人太傻，會造成這種完美風暴，而是共感人撫慰受苦者的天性，碰上吸血鬼的狩獵技巧——很多時候，還加上共感人本身潛藏未癒的傷口，讓他們自以為不配享有幸福。

直到我經歷幾次感情事件、受到一些好友及事業夥伴的教訓，我才驀然洞悉這個真相。那些關係耗盡我的元氣，讓我幾近崩潰迷失，我不斷自責反省，檢討該如何改進，苦思問題出在哪裡。結果證明，唯一問題出在我對我以為能療癒的人們過度付出，完全不顧自己的需求與健康。以前我從沒意識到，生命中有許多人是能量吸血鬼。

這正是那些與能量吸血鬼建立關係的人的寫照。我們根本不自知對方是黑暗勢力，一直到我們的健康浮現問題，朋友逐漸離去，失去工作、收入、創造力，甚至丟掉尊嚴與自信。

而能量吸血鬼，就是知道如何鎖定最吃他們那套伎倆的對象——那就是共感人，因為我們的愛心跟同理超乎一般。能量吸血鬼深知如何從中得到好處——以共感人的耗損為代價。

幸虧，希望在眼前。社會終於覺醒，特別是心理保健專業，開始加緊了解這些吸血鬼的手法——以及辨識技巧。他們努力探究吸血鬼的人格特質與操縱伎倆，致力讓他們無所遁形，為受害者脫離其魔掌另闢蹊徑。

這就是我寫此書的出發點。我希望整理出一些最優秀的相關研究，佐以我自身及我的患者的經驗，為脫離有害關係指出明路。在第一篇，我先打好基礎，以便讀者了解在「吸血鬼—共感人」關係裡的各個角色那樣互動的原因——與對你生命的可能影響。到了第二篇，我會帶你經由明確步驟，把焦點返回自身，讓你獲得療癒，並學會避開這類吸血鬼。然而我想強調一點，走出吸血鬼創傷的過程，其實相當個人；基本功人人得做，但你自己的療癒過程，不會跟別人一樣。別把這本書當作復原地圖，當它是技巧大全；有些適用於你，有些則不。你要挑選對自己有用的。我保證，如果你採取書中建議，一定可以擊潰黑暗，打造健康燦爛的美好關係，享受人生。

作為一名共感人，為世界帶來光明是你的天賦。你具有的高度愛心與同情，不僅療癒旁人，更讓這個星球美善。你在地球的使命，不是供應吸血鬼能量，而是要點亮世界。

第一篇

理論篇：致命的吸引力

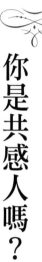

第一章
你是共感人嗎？

你找到了這本書。也許這意謂著你對某段關係有些起疑，你們互動頻繁，對方也許是你的父母，也許是配偶、同事、手足、孩子、任何人。也許你對他充滿愛與尊敬，但每次相處都讓你有些抓狂，也可能筋疲力盡——就好像所有能量被抽光了一樣。如果這聽來熟悉，對方大概就是所謂的能量吸血鬼，這種人專門藉旁人精力來滋長能量。

有件事也頗有可能：你——如同能量吸血鬼——也具有特定人格。告訴我下面這些描述是否熟悉不已：身處某地，你莫名感到悲傷——或者憤怒；剛在劇院或音樂會坐定，你卻馬上意識自己必須離開；某人表面十分開心，卻讓你深深難過；你深受療癒藝術吸引，喜歡星座、能量醫學之類，但怕人家認為你有毛病所以不敢聲張；你覺得自己必須奉獻，才配獲得關注與愛。

如果那聽來熟悉——或只是有人曾說你「太過敏感」——你很可能屬於所謂「共感人」，一群高度敏感的人。有關這個族群，近來討論熱烈——甚至包括一些暢銷書籍。實際上，世界知名醫療感應者（medical intuitive）卡洛琳・米斯（Caroline Myss）在為茱蒂絲・歐洛芙（Judith Orloff）著作《共感人生存指南》（*The Empath's Survival Guide*）所寫的推薦中，便稱共感人是「新常態」（the new normal）。

但不是所有共感人都一個樣。有些純粹對周遭環境與他人情緒十分敏感，有些則是我所稱的「老靈魂共感人」，他們已活過數百回——也許還千回——生下便有極高的某些特質，包括機敏、自主、樂觀、忠誠。而不管何種類型，共感人對能量都極其敏感。

共感人與周圍能量的互動，即便再富同情心之人也望塵莫及。富同情者見人受苦，常會感到難過，共感人卻直接承受了受苦者的能量。他們能感受旁人不形於色、壓抑內心的苦，因為那股痛的能量震動到他們。不僅情緒，旁人的能量便足以造成共感人能量與身心起伏。共感人承受周遭一切能量，無論好壞。他們就是這樣。

身為共感人，我曾毫無保留地吸收負能量，那種時候是非常奇異的。數年前有一回參加美國全人醫療協會（American Holistic Medical Association）董事會，我碰到一位醫師，她人頗好，卻非常固執己見。會一結束，我感到滿腹噁心，只有跑到洗手間嘔吐。我有如海綿——把她所有的負面能量整個吸取過來，那滲入我全身每個細胞，嘔吐是我生理恢復清淨的自動反應。幾年後我才知道，她正是一位能量吸血鬼。

由於這種誤把旁人能量當成自己的天性，我常說共感人超級容易滲透。我們常不自知與旁人能量的界線。我一位朋友必須退出十二道步驟情感治療課程，因為她發現自己承擔了所有學員的痛苦情緒，整個人失控地哭個不停。請別誤會，這種課程極有價值，不僅提供療癒，也能帶來社群力量；只是，當你是共感人，其他人那些尚未處理——甚至還沒浮出檯面——的情緒，恐怕超出你能負荷。欠缺自知之明與自保工具，這樣強大情緒重擔造成的傷害，很可能大於這類治療課程帶給你的好處。

有時候，作為共感人簡直苦不堪言。我的另一位超級共感的朋友，她承擔旁人能量的本事常為自己帶來病痛。她跟家人一起生病的情形屢見不鮮，但下面這個才真教某些人無法置信：她會在家人發病之前，出現全部症狀。在她父親被診斷出罹患肺癌前四個月，她的肺部癥候嚴重到醫師認為她得了肺癌；另一位家人發現得腦瘤前數月，她出現頭痛等所有腦瘤症狀。一旦家人確診治療，她無須再「背負」他們的能量，所有癥候即消失無蹤。這種情形不多，卻可說明他人能量對共感人造成何等影響。

共感人的日常

那麼，共感人的人生樣貌如何？簡單說就是「躲藏」，他們常用極端手法把自己變成沒那麼痛苦的樣子。他們善於融入，設法藉著自我奉獻而非展現真我，來得到肯定疼愛。比方說，一個共感的同性戀小孩若生在很保守的家庭，馬上知道如何壓抑本我，以配合家人的信仰體系。又或者，一個共感、創意十足、活力充沛的小孩，生在重視邏輯與研究之家，很快會變得柔順聽話，努力邁向家人認同的道路來證明自己。

這些共感孩子並非刻意為之，而是生存驅使。他們太受旁人能量波及，人家痛苦他們同樣痛苦，所以他們努力不讓任何人受苦。

這種避免惹事的態度，終生伴隨著共感人。明明想說不，開口卻是好，只因他們不想體驗旁人升起的負面能量。他們扛起更多，好讓他人輕鬆一些；他們傾聽親朋好友的不幸，給予建議幫助。他們犧牲自我，成就他人利益，這全都是能量所致。

孩提時期，有些共感人不只敏感異常，還看得到其他空間。他們看見天使或屬靈導師，或其他並非憑空捏造的幻想朋友。年少共感人常能指出某人真性——其他人則往往看不見。例如一個極度敏感的孩子可能會說，不想跟彼得叔叔在一起（後來眾人才知他是戀童癖）——或莎莉阿姨快死了（不久預言成真）。

然而，這些共感孩子很快學到，看見「看不見的事物」會被視為不好或不對。明明那麼確實感知的真相，說出來卻會受到責罵甚至處罰。

感應者約翰·霍蘭德（John Holland）說過，他能看到人們身旁的寵物亡靈。他幼年時，常跟人們聊他們死去的狗兒——因為他清楚看到狗兒就在旁邊，結果對方都很困惑不快。他告訴我，他很小就學會不提自己所見，明白自己感知到的並不見容於這個社會的大多數。

讓共感人「與眾不同」的特質，為他們帶來巨大的痛苦。家庭跟社會對他們造成傷害——羞辱、棄絕、背叛。人家老說他們「怪胎」或「神經」或「不乖」，使他們焦慮不安，自我懷疑。實際上，共感人跟所有人一樣需要愛與肯定，需要支持，於是他們開始出現我之前說的隱藏，扭曲自己，以求被愛，至少，別再受到處罰嘲弄。許多共感人學會壓制敏感，關閉直覺，有些甚至藉著酒精藥物自我麻痺。

共感人另一種躲藏，相當具體。高度敏感的人常會避開群眾（設想搖滾演唱會、時代廣場的除夕派對或拉斯維加斯的賭場），其中能量澎湃到他們難以忍受。

他們也怕看恐怖或暴力影片，太痛苦了。我去看《搶救雷恩大兵》（*Saving Private Ryan*），前半部時間都躲在洗手間，我受不了那描寫二次大戰奧馬哈海灘（Omaha Beach）搶灘場景，大銀幕體驗太可怕（小螢幕也是）。《最後一擊》（*Cinderella Man*）拳擊場面開始，我起身跑到外面走廊——不時探頭查看打鬥結束了沒。我也沒辦法消化《勁爆女子監獄》（*Orange Is the New Blacck*）、《權力遊戲》（*Game of Thrones*）、《絕命毒師》（*Breaking Bad*）這類影集，太殘忍了。

我青少年時就是如此。朋友們常想看恐怖片，每次也都邀我，我終於試了一次——結果片頭一放我就跑掉，因為配樂實在太恐怖。

共感人另一種具體「躲藏」有點奇怪——我們常躲開科技。倒不是因為不懂或厭惡，而是極端敏感的共感人擁有的能量系統，可能導致科技失常。

我有一位共感朋友不斷買手錶，而不管哪一款、如何昂貴，結果都一樣：錶戴到他手腕就停了。換什麼電池都沒用。他的能量扎扎實實耗盡電池。共感人不僅汲取能量，也會發出高頻能量。共感人這種科技夢魘從錶延伸到手機、電腦，幾乎任何科技形式。只要會用手機、電腦——有些人不會——他們常看到自己的能量擾亂了電力系統，使電腦或手機開始作怪。就像有一天，當我在寫這個段落時，我用手機跟我姊姊講電話，我根本沒碰電話，它卻兩度自動撥打另一個號碼——就在我們談話當下。我跟另一名共感人朋友的電話經常斷線，用市內電話也照樣，那差不多變成一個笑話，每當我們碰到這種情況回撥給對方總開玩笑說，黑暗勢力一定正在竊聽，不想讓我們繼續講下去（也許這不是玩笑）！

不是每個共感人都會碰到這種科技麻煩，但如果你用電器常遇上莫名其妙的困擾，這也許是原因。

這類共感人能量干擾的情況，我見過最厲害的例子是關掉電燈。當共感人情緒澎湃——例如憤怒——其能量衝撞三維電子設備，牴觸所謂「現實」時，最容易發生這種狀況。

有些共感人對味道也十分敏感，無法忍受化學元素製造的人工香味，來自大自然的丁香花味等則沒問題。他們也能老早嗅出食物——甚至人——走味；不是有此一說嗎，「東西壞了我一聞就知」？共感人真的可以。

先天優點及善良處

講了這麼多，你恐怕在想，要怎樣才能跳出這個族群，是吧？別再想了。作為共感人固然有缺點，只要懂得接受真正的自己，好處可是百萬倍。

共感人會承擔周遭能量，但他們與一般人的差別遠不止於此。

共感人常是傑出的療癒者，因為他們天生能感受他人感受——甚至親身經歷。他們的能量場確實進入他人身體，真切感知對方。再者，他們足智多謀，幾乎無事不能幫，所以常能打造讓人感覺安全、被充分呵護的氛圍。他們或許還能帶走他人的痛苦——部分藉著自己轉化那些情緒，再像人體空氣清淨機一般，把乾淨能量回送給對方。往往人們與共感人談過，便覺得莫名的好過不少。

我五歲時，小妹——邦妮蘿莉——死了。那一刻，我從一個無憂無慮的小孩，轉化為企圖幫母親療傷的人。共感本性讓我能承擔母親的痛，也許這確實有幫她走過——我無法肯定，但我確知，就更廣義來說，那導引我走向醫療照護，協助了世上幾百萬名女性。當年披上母親照護者的衣衫，我找到了自己擅長能被肯定的地方。

孩提時的我，不懂自己在躲藏。實際上我要到最近才明白這點，一位治療師透過人體功療（bodywork），帶出埋藏在筋膜深處的情感與記憶。療程中他問我，是否有姊妹離世，我反射性想到大學畢業便遇上死亡車禍的辛蒂。但隨著更多探詢，我才頓悟：那需要治療的傷口，其實來自小妹之死。接下來我「看到」五歲的自己打扮成女牛仔，在學校表演中奔馳於舞台。我把這情景告訴治療師，他說：「你就是從那時拋棄了自己。」我幾乎哭倒在地，他說得完全沒錯，我從不明白自己承擔了母親的哀傷，只知道能讓她好受一點。

儘管多位治療師是高度敏感的共感人，許多人置身傳統醫學界，不願承認此事，因為主流認為這種能力並不科學。我有位同儕的手有治療能力，卻因無法以科學解釋，從不跟人提起。他只知道每當自己撫觸之後，父母身體就好轉許多。這種時候，他會覺得雙手發熱。我跟他很熟，卻是在他的葬禮上，從他妹妹口中才知此事，他妹妹也說，這一直讓他頗為兩難。

療癒能力之外，極度敏感者通常也更能享受宇宙之妙。陽光把純粹的歡喜映入靈魂。樂聲直抵內心，激出淚水或震撼。律動化為最小分子與他們細細對話。

我無法描述，每當舞動探戈或撥彈豎琴——隨著我日益接受自己的敏感，從療癒人的渴望中恢復元氣，這都是我愈來愈常投入的活動——心中升起的純粹喜悅。

出於感應周遭能量的能力，他們往往親近動物及大自然，因為其中蘊藏純真與寧靜。這常又激發他們行善——致力保護弱小；也許是地球本身，也許是其上的動物。

無論這個社會相信與獎勵的標竿為何，與他人共感且深深同情的這種能力，絕對值得敬佩珍惜。事實上，在適當環境中那是超級優點。

超越同理心

我在本章前面說過，並非所有共感人都一樣。雖說大家對能量感受都十分敏銳，當中有一群，我則冠以「老靈魂共感人」之名，也同時自認屬於其一。這類型的共感程度更為強烈，友善、認真、自主等特質也更加顯著。心理學家桑德拉．布朗（Sandra L. Brown）——緩解關係傷害學院（Institute for Relational Harm Reduction）創辦人——稱之為「超級特質」（super traits）：非常樂觀，深信事在人為，極富職業道德，熱忱而有耐心，看待一切人事都非常正面。

這些人——女性占百分之七十五，男性占百分之二十五——做什麼都全力以赴。婚姻也好，事業也好，一般人拿出兩成心力，他們掏出八成。具備超級特質者成為超人，家人同事碰到問題，第一個會想找他。他們是公司、也是家中的執行長，面對各項責任都遊刃有餘。療癒方面，他們是富有盛名的醫師。作為父母，他們領導家長教師協會，帶著優秀子女參加多種活動，並為自己認同的人道志業熱心募款。他們人生的每件事，都顯得輕鬆寫意，井然有序。

布朗這樣描述這群人：「超級特質比共感又更深一層。共感人的焦點集中在同理心，超級特質理論則點出伴隨同理心的更多特質，這些特質深植本性，是我們辨識警訊的濾鏡，諸如容忍、相信人性本善、認為人人如己、溫暖、開明、坦誠直接——所有這些性格都化約為『友善』，同理心也是其中之一。」

我的估計是，老靈魂共感人所以展現出這樣的超級特質及高度同理，是因為他們來過世上多次，從幾世苦厄學到教訓。生生世世的經驗，讓他們了解改善世界需要付出什麼——而他們的存在即有助於此。老靈魂共感人可能十分嚴肅，因為某個層面上，甚至才剛出生，他們就明白來到此世的意義。他們知道將面對什麼，儘管必須卻絕非隨機再度回來。

我說靈魂再度回來是必須的，因為那是我們必經之旅，每個靈魂的目的地都是開悟，達到涅槃（nirvana）。然而那絕非易事。靈魂得從一生經歷學習愛與包容，得了解究竟何謂黑暗與光明，施虐者與受虐者，強者與弱者。只有歷經一切，才能真正開悟。

每一世成為人身之前，靈魂都會簽署合約，同意此世要學的功課。你一切經歷不過為了讓靈魂靠近開悟一步，達到更高頻的境界。當靈魂走對方向，你自然更明白此生意義。

根據修行者兼作家李．卡羅（Lee Carroll），老靈魂共感人約占全人口百分之〇．五到一。老靈魂相逢便識得彼此，我們是一家人，彼此「相通」，知道對方經歷什麼，無須多做解釋。就在當下，彼此相認。無關乎各人成長環境或就讀學校。

我們看待世界的角度不同，凸顯某些非主流事物——能量醫療，順勢療法、指導靈（spirit guides）等等——的真理性。多少世紀來，這些東西受到絕大多數人的嘲笑抑制。

跟同樣老靈魂的朋友聚在一起，我們常互開彼此前世玩笑——儘管那可能一點也不好笑。我的皮拉提斯老師，荷普．麥修（Hope Matthews），跟我在某一世同時被吊死；另一世，我遭五馬分屍；又一世裡，我被處以火刑。如今我在演講說起這些，常看見底下不少人頻頻點頭。可見，近來我的聽眾有很多的老靈魂。

生生世世，老靈魂常見於薩滿教巫師（Shaman）、療癒者、產婆、塔羅牌占卜師、音樂家、魔術師與各色異人。過去約五千年的父權社會中，我們因為所知所信，再再地受到處罰、棄絕與背叛。

老靈魂遍布各地，身處各行各業。我們常借助神諭卡與擺錘做決定——雖然許多時候為了安全，不得不藏起它們。我們喜歡走訪超自然主題書店、靜坐中心、修行之地。我們也認得黑暗能量，一有所覺便閃身避開。

如果你在超級特質者的描述中看見自己，但無法苟同其他定義，別煩燥，不是每個老靈魂都記得前世，不見得每個老靈魂都相信那些，不過，你對這世界能量的理解，恐怕比你願意承認的深。

共感人與吸血鬼

所有人都散發著能量，共感人身上那種溫暖體貼的能量，又格外吸引著能量吸血鬼的垂涎。而當所有共感人都可能成為吸血鬼的羔羊時，具備超級特質的老靈魂，又因為充沛的精力自信和人性本善的信念，分外吸引吸血鬼。這也是老靈魂會陷在耗人心力的關係裡的原因，他們相信——全心全意，發自心底地相信——人都能改變，於是，即便連年下來賠上了健康自信，他們仍願留在吸血鬼身邊。

有些共感人雖對能量極度敏感，卻並不以為人盡皆善，比較能意識到自己面對的是個吸血鬼，相對也能在自己被榨乾前即時脫身。

話雖如此，每一位共感人仍需了解能量吸血鬼是怎麼回事。缺乏相關知識——與脫離後的療癒資訊——你永遠無法充分活出自我，無法如你原本可以的健康活潑，仁慈愉快，而會被過去傷口纏住，裹足不前。

第二章
鉤子：你未療癒的傷口

前不久我在紐約拉瓜地亞（LaGuardia）機場通關，那位金髮的女安檢員看上去處在一種惱怒狀態——完全沒抬眼接觸眼前任何一名拿護照、登機證受檢的旅客。她旁邊那位男同事也是，疏離到我甚至沒把握他是否處於工作模式、身上的無線電話有沒有打開。我算是個空中飛人，卻很久沒碰到這麼心不在焉的人，與行屍走肉相去不遠。

年輕時，這會讓我很難過——至少難過一陣子——讓我想著，怎樣能讓對方振作，怎樣改變情況。如今大多時候我變聰明了。

我記得自己從醫執業那些年——社交媒體還沒出來以前——有時會收到不滿患者的惡意來信，有位母親甚至指責我害她女兒自殺，因為幾年之前我沒有接受這名病患。每收到這種信，我就幾乎崩潰，那時我從沒想過自己不可能滿足所有人，或是那些來信者並不關心我的身心狀態。畢竟我的職責是懸壺濟世，而這類信件代表我的失敗，沒能幫助患者，於是之後數日，我總不斷自責缺乏同理心、愛心、體諒、技術不夠等等，不斷自問：我哪兒做錯了？他們說得沒錯吧？我要怎樣改進？怎樣可以更好？

那些正式演說後的聽眾意見表也是。就算一百個人說他們受益良多非常開心，我卻只注意那唯一一個說聽我演講是浪費時間，甚至我的聲音多難聽、我的服裝多不得體。那一個負面評語在我心底化膿，有如針刺。

儘管絕大多數回饋都是正面，我卻像飛蛾撲火，拚命飛向那一兩個負面反應。雖說多數人也都是如此，共感人卻特別嚴重，原因是我們此生——老靈魂則是生生世世——歷經對我們能量的誤解與其留下的傷痕所致。

常感罪惡與羞愧

弄清楚我所謂的傷痕，非常重要；這些傷痕，形塑了我們的生命，影響我們對事情的反應，影響我們對自己能力的信心，影響我們之為自己這個個體。這些傷痕以罪惡及羞愧的形態現身；對高度自覺的老靈魂來說，那無疑是阻礙成長的兩大壁壘。

很多人都曾為許多東西感到羞愧，常見的包括：社會地位、身材、年紀、收入、談吐、出身。生存在這個星球，更有百分百的機會讓你因某事遭到羞辱。在許多方面，要求完美的社會壓力大到不行，年僅八歲的小女生就擔心太胖，十一歲小運動員會在曲棍球賽場上被其他家長大聲叫罵：「大男生不能哭」，「你怎麼回事？是娘兒們嗎？」或像「你不覺得自己有點肥嗎？」這些話會——在一個極度敏感自覺的人心中——種下自虐、自我厭恨的種子。受過羞辱的男生常以不當行為宣洩，女生則壓抑在心裡，往往造成憂鬱、飲食障礙或完美主義。

來自旁人的羞辱儘管難以承受，來自我們信靠的人才真叫殘酷。馬力歐・馬汀尼茲（Mario Martinez）教授在他那本傑出著作《身心密碼》（*The MindBody Code*）指出，所有部落都以三種典型烙印傷痕於成員身上：恥辱、棄絕、背叛。你的部落也許是家庭、專業、宗教，或任何你對之有歸屬感、仰賴支援的團體。全世界每個部落，都利用這些傷痕讓成員「守規矩」。這些傷痕的源頭，就是對你「應當」如何行事的期待。

這樣的期待來自社會威權，層面有大（如國家、文化遺緒）有小（如宗教、運動團體等）。一個典型例子是異性戀，一個生長於只容許異性戀的家庭裡的同性戀小孩，滋生出的強烈罪惡與羞愧，足以造成極端的自我厭惡與懷疑。

家人的期待，也可能來自他們自身的傷痕。試想一下，如果你母親小時勤奮好學，卻飽嘗被當書呆子的譏諷，她可能會窮盡一切力量不讓你重蹈覆轍，不管你的本性，硬是幫你安排了各式課外活動。

利用羞愧、罪惡跟拋棄來規範人的效果奇佳，因為那樣的感受太過痛苦——尤其是共感人，他們對旁人的評斷、失望那樣敏銳，便誤以為錯都出在自己。

當我們幼年因為天性而遭到羞辱，就開始懷疑自己，逐日確信自己天生是有毛病，導致自我懲罰、自我譴責，甚至自我厭惡。假使你的原生家庭只嘉許你照他們的意思走——當你展現本我則予以羞辱——你的成長即難免伴隨著相當的自我懷疑，缺乏自信。

一輩子的傷痕

孩提時的傷痕將形塑你一生——大多時候，你卻毫無所覺。它們形塑你的信仰體系，其中絕大部分藏在潛意識，大約九成——以及衍生出的行為舉止——七歲前便根深柢固。這一切都不在自我覺察範圍，全自動地影響我們的生理與境遇。這早於我們的智力發育期，那大概是長第二顆牙時。這些潛意識的信仰舉止，承襲自父母與祖先。想想看，當父母認定你的某項特點——像是能看到別的空間——很有問題，那並非他們自己這樣想，而多半是來自他們的父母。

當我們被指責有毛病，我們深感羞慚，認定自己不好，不值得擁有美好事物。於是我們迫切想證明自己的價值，不斷需要從別人那兒得到肯定。我們的性格——包括超級特質在內——跟人際關係，是建立在這些傷痕而非優點強項上。我們對自我價值的信念來自過去的傷痕，由這些信念發展出的關係，很容易導致我們周遭充滿憤怒、罪惡、譴責、批評——這一切繼續拖著我們陷溺在孤立、毫無價值感當中。

在開始治療我的傷痕以前，我從不知道它們對我的生命影響之深。因為它們，我才如此熱切致力於幫助女性了解自身蘊藏的力量；因為它們，我才能靠自己站的如此之穩。但也因為它們，我曾陷在對我不利的關係中，迷失在遠離靈魂呼喚的道路。

最近在一位資深治療師帶領下，我嘗試找出我人生信念的起點。治療師先召喚我的——還有他自己的——守護天使與指導靈前來，接著把手放在我的腹部。此時，我的十二歲反覆出現；他「看到」那時的我倚欄痛哭，說他感受到當時那股深沉的痛。他說的沒錯，十二歲時，我有足底筋膜炎、散光、偏頭痛、經痛；我的經痛嚴重到我每個月必須請假幾天，持續多年，後來甚至得動手術。這位治療師幫我清除了部分痛苦，但真正根源並不明朗——直到那晚我做了個夢，讓我直視一道非常銳利的傷口。

夢境裡，時間是現在，我跟家人在一起，每個人都帶著配偶、小孩，我父親也在（雖然他已在我二十八歲過世）。我在一個不熟悉的房子過夜。第二天我早起，因為工作要趕搭火車去機場，我嫂嫂帶了我的行李箱來，卻是空的，裡面一件衣服都沒有——前一晚我都擺進房間抽屜了。我已快趕不上那班我非搭上不可的火車，我拜託家人幫忙我找東西，卻沒人理我，我不斷懇求：「請幫我，拜託，誰可以幫幫我嗎？」就在那時我醒了，滿臉是淚，感到十二歲的悲傷充塞全身每個細胞。接著幾個鐘頭，我陷在夢境掀起的情緒之中，哭得無法自已。

顯然那個治療掀開了我潛意識的鍋蓋。我明白，身為家中的黑羊，我在十二歲時確定了一件事：沒人會幫我達成心願，因為那跟其他家人背道而馳。我是每科拿A的好學生，但生長在一個熱愛運動及爬山的家庭。有一次我要求家裡給我一個能安靜讀書的地方（以便翻譯拉丁文的凱撒《高盧戰爭》），父親說：「不能因為你，全家都得調整步調。」不用說，如果我想跟我姊姊一樣成為奧運選手，他們絕對願意為我翻山跨海。我母親每個禮拜開車載我姊姊參加滑雪比賽——單程要開十個鐘頭——我則在家代她燒飯給其他人吃。我從無怨言，大家都深深以姊姊為榮。她是當年世界盃滑雪比賽最年輕的女選手，運動天賦驚人，現在仍是。她帶給我們全家莫大的榮耀。

這個夢讓我頓悟，我十二歲下定決心，沒人會幫我，我真正能靠的只有自己。如果想融入家人，受到重視，就得知道怎樣做出貢獻，像是煮飯、做糕點，還有打掃，或即席演奏豎琴取悅來賓——不管我是否樂意。我就那樣活了幾十年，把自己真正的信念埋在心底。我學會適應幾乎任何環境——不管那對我有沒有意義。包括了許多次的雨中露營、背著超重的背包登山、又濕又冷地在滑雪坡、當我媽媽的杆弟、拚了小命學高爾夫與網球，卻老被全家當笑話，他們全都是天生的運動好手。很多人覺得我的童年聽起來很棒，對我來說，許多實質上卻是個折磨。儘管如此，那對我準備考醫學院和當醫生都是絕佳訓練，我知道那是我靈魂的選擇。沒有這樣的背景，我絕不可能有足夠的耐力或自制力，達成我至今的成就。

那麼，我跟家人的關係，如何形成我青少年期那些症狀？想想青少年時期，人就在這個階段開始思考諸如「我是誰？」、「我來世上的意義是什麼？」這類問題。就我而言，這些問題的答案會是「我不夠好」跟「我無法融入」，讓我質疑自己，覺得必須把真正的自我藏起。羞恥、罪惡、憤怒——雖然我不記得當時有感到憤怒——因而引發了頭痛、眼睛問題跟經痛。

請記住，我在夢裡與醒來後宣洩的痛，是屬於一個受傷的十二歲孩子，不是此刻成年的我。我家人在很多方面支持著我，包括花錢讓我學音樂、開車載我去音樂教室、幫我付大學學費，還幫我買演奏用的大豎琴。但痛就是痛。我也訝異地發現，當年那個悲傷壓抑、知道自己不能倚賴任何人的小女孩，幾十年來主宰著我的人生。而當你有足夠強韌的自我與成熟，痛就會浮出表面。顯然這是我把心打開，放掉過去的時候了。

此生——以及過去幾生——的傷痕，造就今天的我，而放掉它們的時刻到了。這就是我這一生來到世上必須經歷的療癒。

祖先的傷痕

處裡自身傷痕已經夠難，受傷卻沒有就此打住——也不是從這兒開始。創傷可能透過基因，從祖父母傳給父母再傳給子女。創傷發生時，我們的細胞出現某種化學變化，附著在DNA，改變了基因運作。家族系統排列學院（Family Constellation Institute）院長馬克．渥林（Mark Wolynn），在他的著作《問題不是從你開始的》（*It Didn't Start with You*）中解釋，創傷引發DNA變異，是要讓我們與後代具備應付那種創傷的能力；但若我們或後代一直為著永久消失的創傷做準備呢？如果我們生長於戰火，我們自會懂得在槍林彈雨中尋找庇護，後代即便身處和平安全之境，也很可能有過度反應的本能。

父母上至曾祖父母曾有的創傷，可能展現在我們焦慮的言語、恐懼、行徑，或難以解釋的具體症狀，這叫做遺傳性家族創傷，或稱繼發性創傷後壓力症候群。遭受創傷者即便已死，史實即便已然湮滅，曾有的記憶、情緒卻可能延續。逃過大屠殺浩劫的猶太人，孫輩中便有許多實證：明明時空不同，甚至對那段過去一無所知，卻常駭然驚醒於來自死亡集中營、飢寒交迫的噩夢。

如渥林所言，「這些情緒遺產往往藏身某處，從基因表現以至日常言語隨時蹦出，對人們身心影響之鉅，遠遠超乎既有的理解。」

身為共感人的你，不僅要撫平此世傷口，也得淨化那些世代承襲之痛。終結傷痛，就是你存在的意義。

第三章
共感人與能量吸血鬼的關係

共感人的助人天性配合自身傷痕——加上為求肯定所做的一切——在在讓覬覦能量者見獵心喜。當中又以老靈魂尤然。我們深信人性純良，一切人事物，我們總能看出其美。我們遠遠能看出某人的潛力，情不自禁要幫忙讓那潛能發揮。我們是最熱切、忠貞、賣力的啦啦隊，大力呵護愛與光明的火苗——即便別人沒看見。我們帶著世代累積的療癒稟賦，來到這個世上。

想讓情況更好，是共感人的天性；想改善他人生活，讓他人得到機會，而往往自己不曾有過那樣的機會。

於是我們總忍不住接近「待修」之人——那些需要我們光明的。助人為樂，甚至可說是生存最大喜悅之一。看到劣勢者反敗為勝總令人振奮，尤其當那人有伯樂相助。就像我今年春認識的一位男士，出身寄養家庭，晉身世界拳擊好手，轉捩點就在有人看了他練拳後對他說：「你具備某種特質，我看得出來。我想幫你。」局面就此改寫。我們知道，只要有人相信我們，即便只有一人，也足以讓夢想成真。

當一段關係能滋長彼此——不管是打造一個家、一個事業或服務社會——點石成金的奇妙就此展開。兩個人並肩行善產生的療癒能量，激發出遠大於一加一的第三股勢力。當耶穌說：「無論在哪裡，凡有兩三人奉我之名聚集，那裡就有我在其間。」指的就是這種量子能量。

天秤另一端，則是缺少支持的關係。這時問題就來了。當我們跟某個居心不良的人建立起關係，過去的傷口就被打開。因為我們以為，只有提供價值才能獲得肯定，我們便努力取悅他人——付出身心代價也在所不惜。我們不認為有人會真正接納原來的自己，在關係裡不敢坦露弱點，就怕因此被排擠。曾有一位男士說，我在女性中簡直是「刀槍不入」，看不出有什麼需求或要害。他錯的多麼離譜。我不過是練就了一身隱藏所求的本領，靠自己滿足自己。

如我在第一章所說，共感人都被視為獵物，而會跟吸血鬼長期糾結的，往往都是老靈魂，因為我們深信人性，以為人人如己。旁人看到的警訊，我們視而不見，總不切實際甚至不健康地美化他人，理想化一段關係。電影《征服情海》（*Jerry Maguire*）有一幕，便是很好的說明；男主角傑瑞（湯姆．克魯斯所飾）出現在愛人的客廳，當時那裡正聚集一群離婚女性互助小組——他對芮妮．齊維格飾演的角色告白說，沒有她在身邊，自己的成功全無意義，然後吐出：「你讓我生命完整。」在場女士簡直暈倒，只盼能有男人向自己這樣表白。

太多共感人內心住著未被療癒的小孩，一輩子試圖以奉獻贏得愛，往往承擔太多責任來維護一段關係。我們如此習於過度付出，以致當對方以百分之二十五的給予，回應我們百分之七十五的賣力，我們便覺得已經來到關係裡的化境：天哪——他記得把馬桶蓋放下來了，他一定很愛我。

當我們自我感覺不夠健全，人際關係就被內在那個小孩未被滿足的需求所驅使。稍後談到共感人處理內在傷口時，我會進一步討論這點。我們付出自己迫切渴望得到的一切。我們不想跟自己的傷痕獨處——至少，在正視這些傷痕以前。於是我們過度付出，得到太少，在不健康的關係裡滯留不去，尤其當這關係表面看來光鮮亮麗。看似正常，畢竟有其社會利益。

這在任何欠缺支持的關係中都是問題，當對方是能量吸血鬼時，這問題可就嚴重了。

必須正視的一種勢力

之前提過，能量吸血鬼靠著旁人壯大其生命力。某些關係的問題來自個性不合，與吸血鬼的關係不一樣，這兒的問題出自精心策劃。

能量吸血鬼技巧操弄他人傷痕，源源汲取能量。共感人傷痕如此之深，換言之很好操弄，也成了吸血鬼特定目標。能量吸血鬼以一種我稱作「邪惡直覺」的本事，牢牢勾住共感人。他們完全知道共感人一輩子渴望聽到什麼，他們直搗黃龍往傷痕奔去——共感人出生以來，甚至幾世以來，切盼獲得的肯定與關愛，吸血鬼分毫不差，溫暖供應。對共感人而言，這番關注形同及時雨，啊……終於有人「懂我」了。

實情卻非如此。吸血鬼只是太了解共感人的弱點，企圖藉此牟利。他們完全知道自己在做什麼。

我明白此時你可能想說，真的嗎？那些讓我精疲力盡的人，都是故意的？並不是。有些人純粹不小心，他們或許跟吸血鬼具備某些相同人格，卻沒有落在我們要講的人格異常地帶。

這種人可能沒意識到自己的負面對旁人所造成的影響。你可以這樣判斷：假設你跟一位超級掃興的朋友在一起，你誠摯溫和地告訴她，她散發的能量讓你疲憊，而這模式反覆出現，令你困擾不已。假如她顯現尷尬抱歉，坦承接受你說的事實，她就不是吸血鬼。要是她開始落淚，急於戴上受害者面具——或是聞言大怒，指責你的不是，你就知道怎麼回事了。一般人會承擔自己的問題，努力修正，不會因為你坦露感受而怪罪於你，實際上，這樣的誠懇分享能讓彼此關係更深刻。良善者能真正自省，能發心改變——就像你。吸血鬼則不然。

我們會在第五章深入探討能量吸血鬼的性格，那時再多談一些。現在你只要了解，能量吸血鬼自己在做什麼，完全心知肚明；他們非常懂得抓住你的弱點，為所欲為。

你難以接受的是，吸血鬼一開始非常支持你的目標與夢想。就因為他們往往那樣幫你自我療癒，你開始信任其判斷，以為終於碰到一個完全理解你內心傷痛與一切的人。你卸下心防，如此放鬆，甚至讓他們進入你從未開放的世界。你牢牢上了鉤。

就是從這時，他們開始品頭論足，根據對你的掌握，貶低你在乎的人事夢想——當初他們所支持的一切。

我自己的職涯當中，曾有這麼一位一開始非常支持我的同事。這在當時極為罕見，作為全人醫師（holistic physician），我隨時提心吊膽，不時因自己的信念與治療方式受到「長官」懲處。

隨著時間過去，她以直覺向我點出我生活中每個人的問題——不管是工作上或私人領域。我先是一頭霧水，她確實感應力很強，曾為我指點很多迷津，但之後我發覺，若不切斷這段友誼，我將被整個隔離在世界之外，只剩她居間聯繫。她甚至想離間我跟女兒，但我及時看出不對，這正是施暴男性孤立受害者的手法。通常那進展極為緩慢——且披著關心你的羊皮——以致你渾然不覺有何差錯。

你生命中的吸血鬼

環視你生命中所有人吧，看看有多少朋友甚至家人，只在有所求或有問題才跟你聯絡？這些人是不是從來沒單純想關心你的近況？你們中間是單行道，所有關切及能量全導向對方，從不是你。

想想那些打來討教、抱怨的電話，只顧滔滔不絕，對你講個不停。幾十年來，我碰到太多這種模式，有一天才恍然，這些人只出於需要才會聯絡。舉例來說，當我接到某個老朋友來電時，總這麼想著，好好喔，他們出於關心而主動聯繫，我內心那個小女孩歡天喜地：哎呀，真棒，他們來問候呢，他們真是關心我。緊接著另一種對話必定開始，讓我立刻醒悟，這通電話的目的是要我為他們的文章做個摘要，引介一下，或他們自己或誰誰身體不適，要我提供醫療建議。關心我的那層薄衣瞬間撕去，爾後也沒相對付出。

共感人領悟之前，總發現自己在許多晚上、週末、任何對方方便的時間，接起他們的電話，慷慨分享自己的時間、智慧與資源。我們傾其所有，這是天性。我們鼓舞著對方潛能，熱切真摯。等他們掛了電話，我們——可能經年——開心自己有所幫助。歲月流逝，發現對方從未如此相待，往往也沒聽從我們的建議。一切沒有改變，他們不過想沾取我們的能量，從電話這端聽到他們早已知道的事情，再不就是要我們伸手幫忙。

那些從未改變的來電者，生活裡常波濤洶湧，他們因此充滿活力，也繼續創造更多起伏。所以乍看之下，這些人充滿吸引力。你是否也留意到了？最近我去看一位老朋友，兩人聊起當年介紹我們認識的友人，姑且稱為瓊安吧；聊過後兩人才發現，這些年來彼此都曾花上極多時間聆聽瓊安的跌宕，試著幫她解決問題，但她從沒改過。在我們不斷提供經濟、社會關係上的協助同時，她只是繼續從一個戲劇性事件走向另一個。最終我們看清這樣的模式，分別撤手退出。這次談話讓兩人如夢初醒。你也是？沒錯，我也是。

原因如此，如果沒有那些事件，能量吸血鬼就得正視生命靈性層面，那卻是讓他們害怕之處。創痛與劇烈起伏反而令人心安，這就是主流媒體充斥負面新聞的緣故，那讓大眾感覺熟悉自在，有助銷售產品，那還令人執迷，總有必須解決的事，必須關注的外在焦點，所以你從不需要往內看——那卻是你真正力量的所在；能加以發揮的也只有你自己。

若沒有要解決的外在事件，你就只剩「神性」，或看你怎麼稱呼這樣東西。吸血鬼不想往那兒走，他們喜歡自己面對人生的方式，完全不以為自己有任何問題，幹麼要往內觀看？所有好事都在外頭呀——金錢、性、權勢。研究精神病態專家羅伯特・海爾（Robert D. Hare）醫生，在他那部經典巨作《沒有良知的人》（*Without Conscience*）當中，點出最嚴重的精神病態之所以無可救藥：「問題癥結在此：精神病態者根本不認為自己有什麼精神或心理毛病，也看不出有改變自己、符合社會標準的必要。他們根本就反對這些社會準則。」

相對地，共感人大概都有堅定的宗教信仰。我們同情沒有信仰者，亟欲跟他們分享自己的深刻信念，而他們毫無意願碰觸內心神性，寧可暫時藉著我們的能量過快意人生。我們若沒體察自己成了這種劇情的推手——你會情不自禁被予取予求、獻上時間、提供解答、扮演天使——就有可能失去自我，任其宰割。你有察覺自己哪些關係存在這樣的問題嗎？

無以脫身

如果你與能量吸血鬼在一起，問題來了：你怎麼不離開？為什麼不把話講開，保護好自己？

如我之前所說，選擇離開的共感人也不少，他們察覺不對，立即抽身。至於那沒有離開的，原因主要有二。首先，關愛他人的天性讓你根本沒看到警訊。如果不是仔細留意周遭，傾聽直覺，就很可能如此。第二，過去的傷痕讓你渴望受到肯定，讓你堅信不可傷害別人感情。對老靈魂來說，還有第三個讓我們滯留的原因：我們就是相信，我們的愛與關懷能治癒旁人——此時，旁人便是吸血鬼。即便我們看到警訊，仍以為自己能夠扭轉局面——認為那些傷害吸血鬼的，就是缺乏我們具備的技巧與同情。

對於吸血鬼的惡劣，我們起初會覺得生氣、受傷跟失望，但很快地，我們壓下這些自然情緒，浮起罪惡感——這是我們從過去學起來的。可能從某個遙遠的前世或童年，更可能兩者皆是。

我們誤以為能量吸血鬼跟我們一樣敏感，怕傷了他們感情。為了保護他們——因為我們向來如此善於解決問題——我們不斷供輸能量，消耗自己，不敢起而對峙，為自己發聲，看清自己多麼憤怒受傷失望，進而結束關係。

我們自覺必須說動他們接受幫助，做出調整，但這完全是死路一條，他們根本不可能改變。在任何一段與能量吸血鬼的關係中，必須改變的是你自己：你得認清真相，從此脫離。我知道這聽來殘酷，尤其當你已投入這許多年與無限資源，但唯有愈早放手、下定決心，你才得以健康起來、快樂起來，更有效率。

我的一位友人剛結束與能量吸血鬼的婚姻，正走在療癒過程。她告訴我她終於能夠脫身，人生如何改變。在某個療癒階段，她回想起某段前世，待在洞窟裡老去的自己，遭到全體族人遺棄，而族裡幾乎每個小孩都是她接生來到世上。談到遺棄、悲傷，在這一世，從小家人都說她怪胎，因為她對冥想、瑜伽、梵文、營養、療癒舞蹈極有興趣。她在這些領域的成就非凡，卻始終缺乏自尊及自信。還有，她擁有犧牲自我的龐大能量跟無比的羞恥感，那是許多世在修院中發誓安貧、貞潔、自我鞭笞，被灌輸女性毫無價值觀念的結果。

這讓她活生生成了能量吸血鬼的標靶，儘管她有諸多超級特質，還有幾個博士學位。來到此世，她一直自認不討人愛，當她遇見一名瀟灑迷人的男子對她呵護備至，便澈底墜入情網。初識當時，男子剛獲得一大筆錢，那是賣掉家族企業所得——非他打造的企業。純粹繼承而來的財產。兩人婚後，他不斷為創業相繼失敗找各式理由開脫，完全如俗話形容：「光打雷，不下雨。」

她不曉得老靈魂共感人與能量吸血鬼結合會是什麼樣的死亡舞蹈，全心全力只想幫助他成功。她付錢讓他上一堆企業課程，也付錢讓他到處旅行——並真心希望，他能因此而快樂成功。畢竟他這麼高大英俊，擁有無限潛力。她身兼三職，一週工作超過八十小時，先生幾乎沒有貢獻，反倒怪她花費不知節制。

十九年這樣生活下來，她發現自己渾身病痛，腎上腺疲勞、失眠、甲狀腺失調、胸痛，極度缺乏自尊，還懷疑起自己的神智狀態。

欠缺自我價值的肯定，加上被接納與愛的渴望，讓我們成為能量吸血鬼及暗黑人性的絕佳目標。這不僅發生於親密關係，職場上也是。我協助過的一位女性，曾擔任某位極有財勢者的私人祕書。她的教育程度與工作表現相當優異，老闆的要求則不斷提高。當她反應說：「當初合約並沒包括這些額外工時。」老闆回答：「可是，親愛的，你包辦了我整個生活啊。沒有你我怎麼辦呢？」這話可就觸碰到她的柔軟處了：噢，哇，他真的少不了我，我確實有影響！於是她再難劃清公司領域的界線，因為老闆任意跨越。有位同事——曾目睹她的前任們一再重演同樣劇碼——對她說過：「如果年底你還沒離職，我就知道你腦袋有問題。」當她終於請辭——健康出了狀況——老闆最後要講的不是「謝謝你的傑出貢獻」。完全不是，他說：「你會想念我嗎？」

我們也常在靈性關係上見到這種情形。之前講過，老靈魂共感人常會參加靈性課程、聚會，也容易跟隨各種靈性大師。我自己就碰過。當時我參加一個剛開始不久的靜坐活動，主辦單位竭力邀我成為其中一名老師，我甚至也在自己居住城市安排了一系列演說。但很快地發現，這個組織——與其他很多類似團體——期待得到一堆免費服務，唯一拿到資源的只有大師自己。我不是針對任何熱心於這類組織也從中獲得提升、活得更好的人，這絕對可能，只是我也看過太多大師——有些屬於宗教，有些不是——誘使毫不知情的共感人全力投入，耗盡自尊、金錢與時間。這種情況不斷發生在一些充滿魅力的領袖身上，他們假裝自己能直通上帝，而實際上，上帝不假外求，就在我們內心，我們正是因此來到世上並以身作則。

吸血鬼們——無論是男是女，情人同事或大師——藉著消耗共感人生命力與資源壯大自己，後者落得生病、迷惘、傷財，情緒落入谷底，因為他們最深的傷痕被吸血鬼當作對付他們的武器。當共感人發覺此事，為時已晚。

吸吮你的生命之血

要明白我所謂「藉著消耗生命力」，得先說明一下什麼叫「自戀供輸」（narcissistic supply）。一旦你洞悉吸血鬼關係如何運作，局勢開始扭轉。自戀供輸，即善於操縱他人者從共感人吸吮的「血」。吸血鬼操弄旁人以獲此供輸後援，那包括關注、金錢、性愛、地位。有這麼句老話：「說我好也行，說我壞也可以，只要一直說我就對了。」進到任何房間，吸血鬼只想吸光其中氧氣，因為他們內心有個怎麼也填不滿的無底洞，但他們不肯放棄。

當一切太平順，吸血鬼們常要掀起戰事，只為獲取能量，好壞無妨。那就是自戀供輸——將能量、關注、金錢導向自己。這是他們最擅長的。

有時這種能量傾注的情況強烈到，你在他們身邊會感到昏昏欲睡。兩年前我去拜訪一位極有成就的女士，表面上她無所不有：壯麗豪宅、全球事業、各式外援。這次會面讓我充滿期待。

午餐時，望著窗外女主人美麗的花園，一股強大睡意忽然席捲而來——就像《綠野仙蹤》桃樂絲昏睡在罌粟花田那場景。我竭盡所能保持清醒。餐後到起居室參觀，我只想倒在地毯呼呼大睡。真的就是那樣。我不斷咬緊下唇，指甲死命掐著掌心，甚至要了女主人星座圖，幫她排塔羅牌。做盡一切，努力振作，持續交談。好在，同行友人跟我反應一樣。原本我們計畫在那兒度過週末，現在發現絕不可行，兩人生出脫身理由，禮貌退場。

這種情形發生過很多次，表面上，對方迷人貼心，檯面下卻是另一回事。在關係中，吸血鬼常是變色龍，很知道如何給你「不多不少」的關心，或是調整舉止，讓你無法走開。他們說出你最想聽的言詞，讓你愈陷愈深，源源供應他們所需的自戀後援。

當你開口要分手，吸血鬼往往又變得百依百順，承諾改變，甚至答應去做心理治療。於是你想，喔！老天，他真的反省了，一切要好轉了。事實不然。真正的情況是，吸血鬼就用剛剛好的一點力氣把你留住——通常就是好說歹說，跟你保證會改。但你永遠等不到實質改變。而你若真留下，恐怕將付出健康與生命的嚴重代價。我一位病人好不容易離了婚，她這麼形容：「我發誓，那時如果他給我一絲絲疼愛或是關心，我會留下的。感謝上天他沒有。萬一沒有脫身，我知道自己會死於乳癌。我非常清楚這件事。」

第四章

共感人的健康危機

你是否見過那種怎麼看都不搭的伴侶?男的帥氣出眾，女伴卻圓滾超重又一臉疲憊?或顛倒過來?我猜你見過，並忍不住困惑，那男的是在女的身上看見什麼?實情是:這是吸血鬼關係。那閃閃發亮的角色就是吸血鬼，一旁被榨乾模樣的，是個極度敏感的人——也是這吸血鬼自戀後援的供輸部隊，是他生命能量的泉源，他正不斷汩汩榨取這共感人。對能量敏感的人，確實可以看到存在這兩者間的能量供輸管線。

一旦你明白吸血鬼關係的基本運作，你就會看出吸血鬼如何——在缺乏自戀後援之下——瞬間成為黑洞，一無可取；總是點亮周遭的「派對之光」，黯然變成滿口怨言、豪無生趣的乏味之人。我一位同事告訴我，她總能知道她那吸血鬼前夫又交了女友——這種時候他忽然門面清爽，勤於健身，看上去儀表出眾；一旦能量供應斷絕，馬上顯得年邁無神，乏味透頂，而這也是他會再度連繫我同事的時候，想從她這兒取得些微能量。我同事已不再接他電話。

能量吸血鬼與供輸者的關係，就有如自然界中，槲寄生枝條寄宿榆樹一般。槲寄生枝條仰賴榆樹循環系統成長，從中汲取水分營養，這對後者健康顯然不利，嚴重時，榆樹甚至會死。與吸血鬼的關係也是如此，如果共感人體質夠好，注重飲食，在其他方面懂得照顧自己，或許還能承受吸血鬼的壓榨。承受一段時間。

而隨時間過去，作用顯現——此時，與能量吸血鬼在一起的代價不再只是情緒上的感受，外貌不相稱只是掀開系列身體疾患的第一砲，這些疾患帶來的痛苦危險，完全不下於心理疾病。就我的經驗，很多陷在吸血鬼關係中的高度敏感者，後來都有了各種身體狀況，像是腎上腺疲倦、慢性萊姆病、甲狀腺失調、減重無效、腸躁症、糖尿病、乳癌、所謂神祕疾病與自體免疫性失調等，而傳統醫療卻常束手無策。實際上，根據我數十載從事女性保健工作的經驗，我會說人們健康亮紅燈的根本原因，極可能跟吸血鬼有關——也許在家，也許在職場。除非從根本解決，否則什麼運動、靜坐、瑜伽或營養調理，都無法澈底恢復健康，因為每當他們又存了些本——去上瑜伽課或果汁清腸、找人按摩——到自己的健康銀行，回到家，生命裡的吸血鬼立刻將其吸取殆盡。

我有位同事是營養學博士，也教瑜伽，在全美講授健康的生活型態及飲食，嫁給一名吸血鬼二十年。儘管自己有專業知識並積極實踐，她仍飽受腎上腺疲倦之苦，體重上升——而她很規律地從事大量運動。她常去異地養生村，我原不明白她怎會如此頻繁旅行，後來才知道，這是她唯一曉得的生存之道，每次再回到家——神采奕奕，煥然一新——同樣的吸血伎倆幾週內又把她耗盡，讓她回到原點。

最近一次跟心理學家布朗的電話中，她提到因受自戀者虐待前來向她求助的女性中，出現自體免疫失調與我之前提到那些病症的比例，高達百分之七十五。

疾病的化學成因

我們看看，身體健康如何在吸血鬼關係裡出狀況。基本上，吸血鬼關係帶來經常性的失望、負面情緒、總希望能「矯正」誰、欺騙；要應付這一切，體內長期不斷地釋出壓力荷爾蒙，從而導致身體症狀。有充分的研究指出，慢性社交衝突引發免疫系統失靈，增加人們感染各類疾病的機率，包括所謂自體免疫性失調。根據WebMD（譯註：全美最大醫療健康服務網），普通科門診病患中，百分之七十五到九十都跟壓力有關。以我的自身行醫經驗，絕對可以為其作證。

美國心理學協會（American Psychological Association）在二〇一二年出版《美國

的壓力》（*Stress in America*），這份開創性的調查研究了美國東區、中西區、南區、西區。各區列出的壓力源有別，但關係及家庭，卻是僅次於金錢的第二大壓力源，全美皆然。如果繼續探討這些關係壓力源由什麼構成，我相信你絕對會看見當中極高比例，是竭力讓某個吸血鬼為自己負責——再不就是為他們收拾殘局。

那麼，人處於長期壓力會怎樣？腎上腺會製造一種名為可體松的壓力荷爾蒙，正常情況下，少量可體松能抑制發炎，增強人的脫險能力。而若可體松維持高檔，人體則開始製造能引發炎症的化學物質，像是細胞激素；這就跟多種症狀有關了，包括頭痛、體重增加、消化不良、關節腫脹疼痛、纖維肌痛、關節炎，以致糖尿病與心臟病。瞧！慢性細胞發炎正是絕大多數慢性退化性疾病的根源，就像癌症及糖尿病。

目前許多所謂自體免疫失調的患者被告知，真正病因是病毒，例如EB病毒（Epstein-Barr）。這種解釋有其依據，卻不盡如是。我們體內、周遭本就充滿數百萬個病毒，事實上是我們「微生物組」（microbiome）——存於我們內外的數萬億病毒與細菌——中的重要組成，有助我們健康平衡。像EB病毒（其下有數百種，包括所有的皰疹病毒）會變成問題，是因為免疫系統失調，出於長期壓力，可體松濃度太高！這時身體無能把關，將病毒調節得宜。

你多常發現自己在吞服非類固醇消炎藥，抑制慢性發炎帶來的疼痛？又頭痛了？又塞一顆消腫止痛劑。明白我意思了吧。用藥物強壓慢性發炎疼痛的問題是，那從未解決真正病灶：是吸血鬼讓你處於長期壓力之下，那不僅造成細胞發炎，也促使你傾向某些行徑跟飲食，進一步強化了發炎機會。長期下來，高濃度的可體松會攪亂荷爾蒙水平。性趨力（libido）往往因壓力消失，而這被人們視為主宰性慾的東西，實際上也構成更廣義的某樣物事——傳統中醫裡，那叫做「氣」。氣可看出一個人的生命力。可體松過高，雌激素被代謝為更多壓力荷爾蒙——尤其在停經過渡期。過多可體松也升高胰島素濃度，引發血糖震盪，造成對甜食或酒精的渴望、體重增加、睡眠障礙。這些問題容易在中年爆發，因靈魂在此時對我們高聲吶喊。我們也在此時，發現自己再難忍受吸血鬼——至少身體上——的操縱。

認知失調及壓力

一九五七年，里昂．費斯汀格（Leon Festinger）出版《認知失調論》（*A Theory of Cognitive Dissonance*），主張人類面臨自己在信仰、態度產生不協調的兩種認知時，會設法取得一致性。該理論也說，我們為求認知一致，可能產生非理性舉止，甚至適應不良。每個人對這世界與自己都持有許多信念，當信念產生衝突便導致緊張，那就是認知失調。長期下來，認知失調引發高濃度可體松，造成慢性發炎。

費斯汀格這個理論，源於他對一群異教團體（cult）進行的研究。這群人相信，地球將毀於大洪災。洪水不曾發生，費斯汀格便調查成員們的反應——尤其那些拋掉工作離開家，全身投入於此的人。結果發現，邊緣成員大多坦承自己當了傻瓜，「不經一事，不長一智」；那些中堅份子則深信，就是這份信仰的「義」，阻止了這場災難。

有三種方式緩和失調。第一，調整若干舉止：拿有認知失調的持續吸菸者來說，了解吸菸可能致癌，第一種解決失調的途徑便是接受事實，改變行為，也就是戒菸。第二種方式：獲得更多資訊。老菸槍可能會指出，有人一輩子吸菸也沒事。這個新知就此解決了此人原有的失調。

第三種緩和失調的方式是減輕信念的重要性。回到同樣例子，吸菸者或許會說：「我就是喜歡吸菸嘛，我要活在當下，享受吞雲吐霧。」

這種人每碰到抽菸致癌的例子（甚至只要閃過此念），就產生認知失調的壓力——再為自己的選擇掙扎。

陷在吸血鬼關係中的人也是如此，尤其具備超級特質的人。他們真心、澈底地相信，人可以改，愛能治癒一切，自己絕對有辦法幫助伴侶。每當吸血鬼又做出傷人之事，他們便承受認知失調帶來的壓力，尤其在經年不斷「修復」之下。每次面臨謊言、擺布、攻擊，超級特質的人就升起壓力——又相信自己繼續堅持是對的。你也許也看到了自己，伴侶一再辜負，你卻只記著耶誕節他對你多好，或他稱讚你好美那次，或他床上功夫實在了得。

布朗確實在經年承受認知失調者身上，發現大腦變化的證據。據那些女性描述，除了焦慮沮喪，她們常覺得腦中一片迷霧，無法做出判斷，難以信任自己。原本輕鬆遊走生活各領域，卻出現執行功能障礙，思緒容易混亂。

有此觀察的並非只有布朗，近來神經科學文獻也有報告指出，運用腦部掃描可見，長期處於認知失調者，其大腦變化跟創傷後壓力症候群患者雷同。

這些證據確切指出情緒虐待影響多麼深遠，也說明在布朗的避靜中心何以有那麼多女性飽受自體免疫疾病之苦。據《關節炎與風濕病》（*Arthritis & Rheumatology*）二〇一七年刊出的一篇文章，學者發現，創傷後壓力症候群及一般創傷易引發自體免疫疾病狼瘡；有創傷後壓力症候群的女性，風險高達三倍，受過一般創傷的女性則是兩倍。

這只是針對心理壓力造成自體免疫疾病的諸多研究之一。二〇〇八年，一篇刊載於《自體免疫評論》（*Autoimmunity Reviews*）的論文寫道：「近期評論探討心理壓力及主要壓力相關荷爾蒙，於自體免疫疾病發病機制所扮演的角色。一個假設是，壓力引發的神經內分泌荷爾蒙導致免疫失調，扭轉或刺激細胞激素生長，造成自體免疫疾病。」根據這些評論，他們主張自體免疫疾病的治療應涵蓋壓力管理。

當今醫療體系

八〇年代我行醫之初，經前緊張症候群這名詞還很新，我同事沒一個相信真有此事。我留意到生活型態改變的療效頗佳，成為協助婦女度過每月情緒震盪的知名醫師。我開出飲食調整、攝取維他命B群、運動、各種緩和壓力技巧，每位女性都有明顯效果——維持一段時間。而每個人又都在三個月後故態復萌，讓我大惑不解。幾年下來我發現，她們身邊幾乎都有個吸血鬼，不是在職場就是在家。難怪她無法持續健康生活方式，問題根源從來沒被診斷出來。慢性骨盆發炎也是一樣。畢竟醫界直到八〇年代晚期，才認可性虐待跟骨盆發炎有所關聯。醫生總被訓練去找軀體上的病根，那時我同事總跟我說：「我們只看正常女性。」意指我的病患所體驗到的種種問題，「全都在她們腦子裡」。同樣的認知失調瀰漫整個保健體系，主宰這體系的信念是：疾病都出在細菌、壞運氣或壞基因，無關乎飲食、人際關係或生活；別擔心，你任何毛病都有——或即將有——藥物來對付。而不良藥物反應及醫療疏失是美國可預防死亡第三大主因，這個事實卻從未受到重視。我們只管期待製藥界另一項重大突破。

我當醫生夠久，深知有些在二十年前不受一般醫學正視、所謂的神祕疾病，後來變成很被當回事的「真實」疾病，只因某家藥廠研發出了對付其症狀的藥物。纖維肌痛就是很好的例子；二十年前，有纖維肌痛與慢性疲勞的女病患上門，醫師不假思索排除是這種問題，如今有藥可開，卻完全不能治本。

某種程度而言，纖維肌痛跟所有疾病一樣，其實是身體對某種壓力產生的漸進反應。如同馬力歐．馬丁尼茲（Mario Martinez）醫師指出的，多數疾病涉及一種學習模式，起先是有正面作用的。拿睡眠障礙來說，這是慢性疲勞與纖維肌痛患者常有的問題。缺乏深度睡眠會造成廣泛的細胞發炎，部分原因是：要代謝壓力荷爾蒙，深度睡眠不可或缺。馬丁尼茲認為，當你生活在某種威脅之中——像是肢體或性暴力——保持高度警戒與淺眠，可能便是一種對策。即便這童年威脅已在成人階段消失，那對心理神經免疫系統的影響及身體的壓力反應卻依舊存在。長此以往，逐漸演成纖維肌痛與慢性疲勞。

而當代醫學不設法找出這類免疫神經系統出錯根源，卻只是一味開發新藥，再以「藥品仿單標示外」（off label）開立處方——意思是，醫師使用這個藥品，無須完全遵照藥品仿單之指示說明內容——直到藥廠贊助的研究報告聲明，該藥物確實對某症狀有效。百憂解等抗抑鬱藥，就是這樣成為經前緊張症候群及更年期的熱門「治療」，儘管這些藥容易上癮，也並沒正本清源，解決壓力荷爾蒙對免疫、神經、內分泌系統的影響。

很多人知道——出於直覺——多數慢性病其實來自生活中各種情緒跟心理壓力，但因主流醫療體系忽視身心的合一，很容易就略此不提——這也是文化上所鼓勵的。

基因決定論

當今醫療最大錯誤訊息之一：個人健康由基因主宰。我們都是基因的受害者，怎麼做都沒用。疾病「在家族中流傳」，你無力回天，老天就是給你這一手牌。實情卻不盡如此。

發育生物學者（developmental biologist），也是《信念的力量》（*The Biology of*

Belief）一書的作者布魯斯・立普頓（Bruce Lipton）指出，身體與健康的任何問題，扯得上基因或家族史的部分，頂多約百分之十。換言之，你會如何——包括你的基因表現——有九成決定於環境，這就是表觀遺傳學（epigenetics）。環境裡最重要的部分又決定於你的信念——而你大多數時候卻是毫無自覺。

生物認知科學研究所（Biocognitive Science Institute）創辦人、《身心密碼》的作者馬丁尼茲醫師指出，許多西藏僧侶患有糖尿病，卻不是飲食或生活型態所造成。這些僧侶吃得大致健康；沒錯，有些過胖；沒錯，許多吃碳水化合物；但都算進食適量，也不吃過多的糖，整體患糖尿病的比例卻高的超乎尋常。

根據馬丁尼茲醫師在內的許多研究，藏僧得糖尿病，與其主張寬恕慈悲的信仰有關。這點我稍後會多加著墨。根據生物認知理論，信仰及文化的教導，對健康的影響超過飲食與生活型態。耶魯大學公共衛生學院的貝卡・李維（Becca Levy）醫師的一項研究，便是極好的例子；她追蹤俄亥俄州某社區五十歲以上共六六〇位居民，結果發現：正面看待年歲漸增一事的人（這些人從青少年時期便如此），平均多活七歲。是的——僅僅抱持年長有其好處這個信念，便足以更加長壽，連那些有抽菸、獨居、肥胖、血壓高，甚至從不運動的人也不例外。換句話說，在添增壽命的所有作為中，信念獨領風騷。

領銜心理神經免疫學研究的喬治・索羅門（George Solomon）博士告訴我們，免疫系統本身是有道德規範的，它支持正當的憤怒——即當你或他人的無辜受到威脅，油然升起的憤怒。想保持健康，免疫系統不允許我們對自己的「困擾」情緒視而不見。畢竟在受虐時，憤怒是合理反應，硬要壓下就形成健康危機。

再回到藏僧（他們可以說是我們共感人仿效的典範）。中國政府大力迫害西藏文化及人民，擄掠、強暴、破壞寺廟，對此，狂怒是自然反應，而這些僧侶一直以來受到的教化是放下怒火，對敵人送上愛。這就在告訴身體：「我不要感受憤怒，我超越了它。」文化又是另一個點。《破壞性情緒管理》（*The Destructive Emotions*）作者丹尼爾・高曼（Daniel Goleman）博士，在他前衛的研究中點出，藏民族缺乏情緒詞彙。因此可以說，就文化上，他們並不嫻熟情緒語言，難以表達軀體的感受。面對某些人，你得先感到光火才合乎心理衛生，藏僧卻試著向他們傳遞同理的歡喜，這無異是在「粉飾」憤怒，結果就是糖尿病。曾與多位藏僧共事的馬丁尼茲醫師說，藏僧且被教導要忘記身軀，專注修行；回歸成佛，軀體何用。

那麼，對傷你的人傳遞愛——而非先感到憤怒——是怎麼成為壓力，又演成疾病的？你在這種情況下會經歷以下的生化級聯反應（biochemical cascade）：身體收到只送出愛的訊息，便製造大量所謂腦內啡（類似嗎啡）的化學物質，腦內啡能麻痺痛覺，抑制你不想要的感受。問題是，長期產生高濃度的腦內啡對葡萄糖代謝作用不利，結果就是第二型糖尿病。

我認識好些極為敏感的人——磁鐵般吸引著吸血鬼——儘管十分注意飲食，血糖指數卻很高。這些人無一例外，言行美善，似乎無法動怒，只有包容與寬恕。

變胖傾向

吸血鬼與敏感者的關係中，最令人驚異的現象之一是兩者體重變化的不同。吸血鬼通常（不是絕對）很能維持健康與迷人的體態，而且似乎毫不費力。有一次一位吸血鬼聽到我哀歎自己瘦不下來，就跟我說：「我兩個禮拜不吃甜食，馬上掉了五公斤。」我明白他心裡想的：我看得出問題所在，你就是沒有決心。但沒比這錯得更離譜的了，尤其對老靈魂共感人而言，我們往往很有紀律，只是在學會停止枯竭自己、感受周遭能量以前，我們很容易出現兩種情況：㈠深受糖類、碳水化合物、酒精吸引；㈡無論做什麼都瘦不下來——即使不吃碳水化合物。

共感人很容易體重上升，也因體重有「保護」作用，所以他們的體重幾乎都往中間地帶集中——腹部脂肪過多的恐怖「蘋果型」，也是心血管疾病、糖尿病的風險因子。這樣的體型有助保護太陽神經叢，那是關乎自尊及個人力量的區域。在你懂得設定合理界線及抬高自尊以前，理想體重恐將遙不可及。

信念的力量

要審視一個吸血鬼供輸者的健康，就得細看他們對自己、對人際關係持有怎樣的信念。如之前所言，這些信念——在與吸血鬼的關係裡再被強化——在我們小時受到屈辱背叛而產生，讓我們不得不藏住真正的自我。請記住，有毒的屈辱感會產生名為IL-6的發炎性化學物質——一種細胞激素。

童年負面經歷跟疾病的關聯日受重視，每年發表的研究報告不斷增加，規模最大的一項之一——知名的「負面童年經驗研究」（Adverse Childhood Experiences Study, acestydy.org），開始於凱薩醫療網（Kaiser Permanente）減重門診——發現，童年負面經歷的多寡（如：父母離婚，父母之一有精神疾患、慢性疾病，父母或親戚施虐）跟此人進出急診室、拿處方藥的次數，甚至早死，有直接關聯。

早年處於重大心理壓力下的人，容易有血管疾病、自體免疫疾病、早死，年紀愈大愈明顯。別忘了，共感人天性格外敏感，不用特別重大的壓力，就足以形成未來這種問題。

學者指出，童年壓力有辦法「編碼」進所謂巨噬細胞的一種免疫系統細胞，途徑是透過表觀遺傳標記（epigenetic markings）（表觀遺傳指環境對基因表現的影響）。

細胞於是促炎化（proinflammatory），一面臨困難，細胞激素容易過度反應，對抑制激素信號的敏銳度卻降低。刊登於二〇一一年《心理學公報》（*Psychological Bulletin*）的研究摘要說：「這樣的模式持續終生，行為傾向及荷爾蒙失調強化促炎狀況，前兩者又是童年負面經歷帶出的產物。」

那在現實中意謂著：童年壓力——對易感的人——可能引發過度的威脅焦慮感（總覺得會發生最壞情況或自己沒有價值，產生振動，引發預期結果），對人缺乏信賴，社交關係貧弱，自我約束低下，生活型態有礙健康。以荷爾蒙角度來說，早年壓力也可能改變荷爾蒙及神經系統的調節。總而言之，童年負面經驗對身心都易形成促炎環境，引發病理，除非模式有所改變。

在布朗博士照料過、飽嘗吸血鬼關係之苦的受害者當中，整整四分之三來自正常家庭，沒有遭受忽視或暴力的證據。但我願意打賭，只要往下探索一點，絕對可以發現這些具備超級特質的女性，都有肇因於前世或童年的自尊低下。

有證據顯示，孩提時為求生存不得不違反本性遵從他人期待，其實是導致自體免疫疾病真正危險因子之一。專長於壓力與兒童發展的嘉柏・馬鐵（Gabor Maté）醫生說，他的每個病患都飽受情緒壓抑之苦，這是他們的生存手段，而且當中沒有一個人對下列問題點頭：「孩提時，當你感到悲哀沮喪或憤怒，可有任何傾吐對象——即便是讓你興起負面情緒那個人？」

馬鐵醫師在其巨著《當身體說不》（*When the Body Says No*）中引用許多研究，證明某些壓力對身體的影響，有力地顯示免疫行為。例如，從一項針對非裔美國男性相對於奈及利亞男性的研究可以看到，兩個群體前列腺的潛在惡性細胞數目相同，而真正發展為前列腺癌的機率，前者卻是後者的整整六倍——同樣的基因，完全不同的環境。

包括馬鐵及勞倫斯・雷山（Lawrence LeShan）醫師在內的許多學者認為，扭曲自己討好別人或壓抑情緒照顧他人的，患上免疫系統毛病的風險特別高，像是橋本氏甲狀腺炎（Hashimoto's thyroiditis）、纖維肌痛症、慢性疲勞等等。

原因在於：免疫系統是我們信念的表現——正如我稍早所說的。如果你相信自己值得被愛，你的免疫系統自會肯定這點；要是你憂鬱、自覺毫無價值，就非常容易感染所有毛病，包括普通感冒。匹茲堡大學就曾做過一項驚人研究，自願受試者們喉嚨都噴上感冒病毒後發現，最容易發病的人，最欠缺社群網絡及支持系統；相對地，擁有四個以上、經常往來的社交團體的人，發病機率極低——儘管大家全都處於同樣的感冒風險。《信念的力量》作者立普頓醫師的研究指出，細胞膜其實等於細胞大腦；所有細胞膜緊密相連，一個意念閃過，便有如電光石火貫穿全身——思慮的品質，因此對細胞形成生化改變。

當我們自覺毫無價值，生活就充滿某種慢性的自我否定，很容易淪為吸血鬼控制對象，任其貶抑為附屬品，因而感到無力與無助。如此一來，生病是遲早的事。

傳統醫學的基礎仍將身體與心靈分開，身心的合一卻已經過無數的研究證實。傳統醫學的「藥物與手術」手段（雖說對付重大創傷效果驚人）讓人們以為，健康若出現毛病，要不是倒楣要不就是基因差，不然就是少了正確的藥。

實際上，你身體的狀況跟你的核心理念息息相關，你每天所有的情緒都來自那層信念。我說過，我們甚至不曾察覺自己九成左右的信念，其中大多屬於負面。有意識的心靈，是夢想希望之所在。身為共感人，我們期盼做出最大的療癒貢獻，活出最大的生命意義，所以我們要盡一切力量提升思慮與信念——並真切感受、釋放出所有被壓抑的陌生情緒。

第二篇

實踐篇：如何解套而出？

第五章
辨認出誰是能量吸血鬼

你明白了吸血鬼—共感人的關係——以及種種可怕的副作用——我們來看看好消息：如何對付這個問題。首先要學會認出他們，這能幫你看清生命中存在的吸血鬼——更能在你與下一個吸血鬼建立關係之前，讓你認出真相。就讓我們進一步探討其個人特質——什麼造就出吸血鬼，如何識破其操弄詭計，且及早脫身。

診斷你的吸血鬼

要到近二十五年，精神保健專業才認清能量吸血鬼的面貌，所以仍有為數不少的吸血鬼，持續操控著家人與社會。別誤會——他們往往極富魅力，讓你無法移開眼神（直到你看清其廬山真面目）。他們完全知道對什麼人該講什麼話，時機拿捏精準，讓人心甘情願效勞。我的朋友羅伯特・皮朗伯（Bob Palumbo）是從業三十五年、有博士學位的心理學家，他說有些吸血鬼的迷人程度，連他這麼有經驗的專家也難以抗拒。這點務必留意。

吸血鬼的行徑有多種標籤，包括：反社會人格（sociopaths）、精神病態（psychopathys）、自戀人格、邊緣型人格，或易有反社會舉止等，而所有這些人格，可以用「B群人格疾患」（Cluster B）統稱之。《精神疾病診斷準則手冊》（*Diagnostic and Statistical Manual of Mental Disorders*）第五版——美國精神醫學學會（American Psychiatric Association）所出版——指出，B群人格疾患者的特性是舉止行為十分誇張、過於情緒化，或想法舉止無法預期。這個名詞涵蓋反社會行徑（反社會人格）、邊緣型人格障礙、戲劇型人格障礙、自戀型人格障礙。

反社會者習於撒謊欺騙，不斷觸法，無視自己或他人安全，經常侵犯別人權利，不為自己行徑負責，往往充滿侵略性、衝動甚至暴力。

邊緣型人格障礙患者常有隨性而危險之舉，如不安全性愛、賭博、縱情飲食，卻也可能極其迷人，充滿說服力。他們常威脅傷害自己或說要自殺，尤其在你不答應其要求時。女性比例遠高於男性。他們很懂得運用間歇性強化（intermittent reinforcement）——最難應付的一種制約手法，對你忽冷忽熱。這種前後不一令人抓狂，讓你苦不堪言。跟這類性格異常的女子在一起的善良男子，往往落的好比路邊空罐——生命之血全給她榨乾了。

一位同事不久前告訴我，在她的成長歷程，如果不從母親心意，母親往往以死要脅。想想這對一個小孩造成什麼樣的影響，以為自己的行為會決定媽媽生死。你曾聽過這種話嗎：「拜託別這樣，那會讓媽活不下去。」那正屬於邊緣型異常。

在我們醫院，精神科把比較嚴重的邊緣型障礙病患稱作「飛行常客」——有些人一年跑急診室不下兩百次，聲稱充滿自殺意念；一住院，就開始要求各項特殊待遇，包括特調飲食。

邊緣型人格極擅長「分裂行徑」，挑撥離間。心中常感到空虛（我曾有這類病患每年不斷懷孕，因為孩子一出生，她們就覺得「空洞」）。這種人在佛教中常被稱是「餓鬼」，意謂其內心沒有自我，怎樣的關愛也填不滿他們內在的無底洞。這些人經常暴走，精於操縱他人。

戲劇性人格異常者也總愛博取注意，往往過於情緒化，言行誇大或喜歡挑逗。常發驚人之語，卻毫無佐證事實。易受旁人影響，情緒瞬間改變。極度在乎外表。常以為自己的人際關係甚為緊密，實則不然。

自戀型人格障礙的吸血鬼，嚮往權勢、成功、魅力，渴望名聲地位。不懂別人的需求感受。自認高人一等，自行其是，理所當然。

他們常吹噓自己的成就與才華。我曾認識一位女子，她在履歷聲稱自己擁有藝術創作碩士學位，而我剛好知道她大二輟學。我跟她談及此事，她說：「喔，感覺上我有那學位麼。」嗄？那好比我說：「噢，感覺上我有念醫學院，拿到了醫學博士。」

自戀型障礙者需要不斷的讚美崇拜。常顯得高傲，相信自己與眾不同，也可能確實相貌出眾，所以無論身在何處，總想以自助價格拿到全套服務——年輕時尤其如此（有句俗諺就說，自戀者無法坦然老去）。他們莫名地期待特殊待遇，有些人與其為伍就受寵若驚——至少開始時如此，往往就被自戀型障礙者呼來喚去。自戀型障礙者也容易嫉妒他人，或深信自己遭人嫉妒。

其中有些人十分吝嗇，把錢抓得很緊。可能無法捨棄老舊物品。道德觀也可能十分僵化。

值得注意的是，吸血鬼男女比例約為四：一，而全人類（包括男女）具備吸血鬼特性或澈底屬於B群人格疾患者，占百分之二十，也就是每五人就有一個，這一個又會直接對五個人造成負面影響。僅在美國，就相當於六千萬人。心理學家瑪莎・史圖特（Martha Stout）在其著作《4%的人毫無良知，我該怎麼辦？》（*The Sociopath Next Door*）中寫道：「美國每二十五名普通人當中，藏著一名可以殺人不眨眼、毫無良知的人。」光在紐約市，精神病態者就有十萬名。

《沒有良知的人》作者海爾博士，曾服務於刑事司法及精神病態領域數十載，相關學術論文出版十多篇。他和同事投入多年光陰，為醫師與學者發展出一套相當可靠的診斷工具：病態人格檢測表（Psychopathy Checklist）。如今此表廣為全球所用，頗能有效從不守規矩的普通人中，鑑別出真正的精神病態者。

海爾博士提醒我們，大多數罪犯並非精神病態者，倒是那些遊走法律邊緣卻逍遙法外的，其中精神病態頗多。成功辨識出他們，便是海爾博士終身研究的重大課題之一，如他在《沒有良知的人》中所言：「若無法看穿這些人，我們勢將受其荼毒，個人如此，整個社會亦然。」然後他提出這樣一個常見例子：一名被定罪的殺人犯被假釋出獄——旋即再度殺人。社會問：「這種人怎麼會被釋放？」海爾書中對此的答覆是：「當中許多犯案者是精神病態，只要主管機關——包括假釋委員會在內——曾做好功課，就能避免讓那些暴行有機會再犯；假如民眾了解這點，他們這個困惑必定轉為憤怒。」

很多精神病態者是詐騙大眾數百萬美金的白領罪犯，但即使已遭定罪，刑期卻甚短，也馬上故態復萌。這在《穿西裝的蛇》（*Snakes in Suits*）即有精彩描繪。作者是保羅．巴比亞克（Paul Babiak）與海爾兩位博士。白領精神病態者向成千上萬人偷取他們畢生的積蓄及退休金，就像安隆公司（Enron）那群執行長。安隆一夜之間，從數十億美金身價宣告破產。它鼓動員工拿退休準備金去買公司股票，核心高層自己卻將持股出脫，在崩盤前得手幾百萬。想一睹真實劇情？瞧瞧艾力克．吉布尼（Alex Gibney）二〇〇五年的紀錄片《安隆風暴》（*Enron*），絕對令人目眩神迷，那就是精神病態者發動攻勢之時。

究竟是B群人格疾患還是澈底的精神病態者，這點無所謂——重點是，他們都是大眾健康的巨大威脅，多半卻不曾被診斷出來，人們與社會也幾乎沒能看穿，精神保健專家及司法體系並不例外。

記住，B群人格疾患者有程度光譜，就像自閉症：這一頭只有輕微亞斯伯格症狀，完全可以過著獨立充實的人生；另一端則是沒有全天候照護，根本無法自理。同樣地，某些自戀性格的人，只要你了解其行徑，就能試著接受。這類能量消耗者屬於無心之過。但隨著程度升高，你就碰到真正的吸血鬼——全面精神病態者。B群人格疾患這個整體分類有其必要，因為其中那些性格有著大量重疊區域。

你不必對這些診斷抽絲剝繭，沒什麼好處。假如你正與某個吸血鬼在一起，我幾乎聽得到你說：「但他本意很好，他只是童年太苦了。」第一，那不見得是真的；就算是大多數出身不幸童年的人，並沒變成能量吸血鬼。怎麼打同情牌讓共感人上鉤，吸血鬼深諳此道。我前面講過，共感人就是容易幫吸血鬼找藉口。你真正該理解的是：所有吸血鬼的共通之處，就是藉著隱藏式攻擊與操縱得到好處。他們一心只想占上風。就這樣。

天生的人格疾患

當代心理治療之父佛洛伊德認為，我們在B群人格疾患者身上所見的種種問題，都源於童年創傷與後來的抗拒。但情況實非如此，現代大腦掃描技術點出，很多人生來就是這樣。

《精神病學研究雜誌》（*Journal of Psychiatric Research*）二〇一三年某期刊出一項研究，德國一群學者運用現代大腦掃描技術探索受試者大腦，這三十四名自願者中有半數曾被診斷為自戀型人格異常（NPD）。研究重點在於腦部外層的大腦皮質，咸認為這是「高級」社交中心。腦部這塊區域掌管自我意識、自主、自我控制，其中一部分與同理心有關——讓我們能理解與同情他人感受。研究發現，自戀型人格異常者的這個部分有別於一般人。

與一般人相較，自戀型人格障礙者，大腦皮質負責同理的這塊區域很薄。作者們還發現很有意思的一點：該部分愈薄，同理心「不見」的程度愈大。

《神經科學前線》（*Frontiers in Neuroscience*），於二〇一三年刊出的多篇功能性磁振造影研究也指出，精神病態者腦部某些區域異於常人，這些區域掌管同理心與關懷之情。其中一項針對精神病態者所做的換位思考——想像他人陷於痛苦中——研究發現，受試者未被激發同情心。

《公共科學圖書館：綜合》（*PLOS ONE*）二〇一二年刊出一篇研究，南加大（University of Southern California）一群學者運用現代大腦掃描技術，檢測自願受試者從事特定活動時的腦部活動，同時檢測他們休息時的腦部狀態。所有受試者都不曾被診斷有自戀型人格異常或其他精神問題，但在標準人格測驗時，則有程度不一的自戀型人格障礙特質。判讀過這些腦部活動結果，作者們發現，自戀特質與大腦掌管自我中心思維那塊區域的活動異常有關；他們還發現，自戀傾向較高的人，大腦皮質負責控制衝動的那塊區域活動不發達，讓這些人容易做出錯誤決定。

一名吸血鬼也許曾有不幸童年，這創傷卻不能解釋他的缺乏自覺與同情心。

多數背負創傷的人都有自覺，能展現良好品行——懂得分辨是非。當然，也有吸血鬼出自幸福家庭，仍一路耍盡心機自行其是。《大西洋月刊》（*The Atlantic*）近期一篇〈孩子是精神病態〉（*When Your Child Is a Psychopath*），就談到一名十一歲女孩（還有其他許多例子），成長於充滿愛的家庭，有六個兄弟姊妹。六歲起，這女孩就開始幻想殺人，畫出各種殺人武器，拿填充玩具當試驗品，沒多久就嘗試把弟弟勒死。她就是一個長大缺乏自覺與同情心的人。

在這些案例中，原本應在三歲左右發展出的自覺意識沒有發展出來。舉例來說，我一位朋友七歲時遭逢慘痛經歷，當時九歲的哥哥把她關在一個小庫房，旁觀他幾位朋友——是他為此吆喝來的——強暴自己妹妹。而她母親因擔心鄰居眼光，從未承認此事，也不曾處罰哥哥，為此，在她身上烙下如影隨形的深深傷痕，我朋友終生設法療癒。

不幸的是，傳統心理治療常以童年創傷作為吸血鬼行徑的藉口。舉例而言，你可能聽到這樣的講法：「他之所以如此，是因為他母親酗酒，而他試圖否認這份痛苦。」《披著羊皮的狼》（*In Sheep's Clothing*）作者小喬治．西蒙（George Simon, Jr.）博士、著有《傾心精神病態者的女子》（*Women Who Love Psychopaths*）的布朗碩士，他們都在研究中具體指出那絕非事實。西蒙博士說，真正的否認（denial）非常少見，那是對抗極端痛苦情緒的武器。以下是根據西蒙博士研究所舉的例子：想像你跟結縭四十年、情感甚篤的先生在家附近散步，享受美好一日。你們倆都健康良好。霎時，先生中風倒地送醫，安上維生系統。你從與摯愛甜蜜同行到看他仰賴機器活命，一切發生不過幾個小時。想像醫生來告訴你，先生腦部傷得太重，已算腦死，不可能再醒來也無法再自行呼吸。這項失去太過突然也太過劇烈，你只有拒絕面對來保護自己。你坐在先生病床前，握著他的手跟他說話，儘管醫護人員一直告訴你他聽不見。這叫否定作用，是在這種情況下完全合理的心理防衛機制。

再來看一個學校霸凌王，他在走廊照例從背後推人，害人家書掉滿地，老師當場逮到，他則四下張望：「嗄？」彷彿在說：「什麼意思啊？我什麼都沒做啊。」這孩子是否定嗎?絕對不是,他完全明白自己在幹麼,他就愛欺負人,因為大腦同理迴路沒發展完全。當他曉得自己逃不了處罰,就會修正行為;但若知道有人會說他是受過創傷所以有否定反應,那他幹麼改過?他大可一輩子胡作非為,不必負責,因為自有那麼多好心的共感人會認為,他只是需要更多的愛,更多理解。

那麼,把妻子推到牆上或動手打她的暴力老公又如何?他為自己辯解:「她整天緊盯著我,讓我終於失控。我再也受不了了。」這名施暴者很清楚自己的行為不對,為了卸責,反而說是老婆引起的。那根本說不過去。妻子又不在他腦子,讓運動皮質操縱他的手臂肌肉。

西蒙在他那本《性格障礙》(*Character Disturbance*)中,勾勒出操縱型人格的運作模式,以及整個社會如何煽風點火。他點出人們愛用卻誤用的心理學詞彙:發洩(acting out),其實是鬧事;否定實為撒謊;自我防衛(defensive)實為好鬥或挑釁。共感人口中的羞愧,其實是吸血鬼被逮到的不舒服。實際上,這些性格的人若感到有些羞愧最好——就像有愧於自己的行為——可是他們不會。社會稱作被動攻擊（passive aggressive）的，其實是隱密性攻擊（covert aggression）。共同倚賴成癮（codependence）應該叫倚賴或虐待。我們所說的幫助，應照本質改為追逐或鼓勵。

支持團體、愛、同情，都幫不了他們，完全不行。實際上，那只讓問題更糟。以為愛與關懷可以療癒一切，請記住：即便是義大利知名的畢奧神父（Padre Pio，譯註：一九一八年起，終生帶著聖傷而廣為人知。聖傷被認為是一種超自然現象，不明原因在基督徒身上顯現與基督受難時同樣的傷口），若認為對方沒資格望彌撒，他也會拒絕。

好啦，我知道你在想什麼：那神經可塑性（neuroplasticity）又怎麼說？他們改變不了嗎？

大腦有可能隨著時間改變，這是我們都知道的。畢竟，有關神經可塑性——大腦改變的能力——的許多新研究指出，學習新事物可增加海馬迴細胞數，而海馬迴與記憶有關。七旬婦女若持續學新東西——像是跳舞或嘗試新的肢體活動，或學習語言，腦子會跟二十歲年輕人同樣敏銳。

但是，神經可塑性與改變都有個前提：意願。除非你自願做出改變，大腦絕不可能出現正面持久的調整。B群人格疾患者必須想要改變，而那樣的機率基本上是零。所以，沒錯，技術上是有機會，現實上卻是非常的、極度的、壓倒性的、難以言喻的、翻天覆地的不可能。記住，他們天生如此。正如你沒有選擇生為一名共感人，他們也沒選擇那樣的人格；我們目的不在批評也不求改正，只想學會躲避之道，或最起碼懂得設定合理界線，保護自己。

認出吸血鬼

自保第一步：看出問題。下面便是能量吸血鬼的常見性格。記得：這是一道光譜，有些人是徹頭徹尾的吸血鬼，有些則僅具備某些特質，但他們全都以操控手法來滿足自己。

他們通常好看迷人、充滿磁性、活潑外向，眼神如催眠般地牢牢地將你吸住，讓你仔細捕捉其一言一語。他們往往坐擁高位，無論是在政府機關、企業、宗教、軍旅、醫界。想想名列財富五百強（Fortune 500）的公司執行長，或卓越突出的政治人物。

魅力無邊的吸血鬼，身旁常跟著一群忠心的追隨者，就像我在前章提過的某大師。這些隨從們按旨行事，宛如綠野仙蹤裡的飛猴。實際上，當你幡然覺醒，點出吸血鬼的不當行徑，這些小兵將起而對你發動攻擊，讓你時時覺得必須展開自衛，設法取信於他們（順道一提，沒用的。你只管顧好自己吧）。

吸血鬼往往不顧是非。一個人的究竟本質，就看他在無人之處如何行事，吸血鬼在這種時刻會犯下最大勾當，鎂光燈下又變身回模範市民——就像媒體攝影機前動情拭淚的政客，私底下盡將納稅人的錢塞進自己荷包。

吸血鬼非常在乎高人一等，指出他們弱點或建議改進之處，只會遭到冷眼或暴怒。其自尊來自外在事物——外表是否光鮮，住宅是否豪華，出入是否名車。

他們病態性的說謊，卻常被社會包容，因為他們操縱功夫一流，大事化小（「我出手並沒那麼重」）、扯謊（「我從沒講過那種話」），或只講半面事實——重要細節略而不提。一再順利逃過譴責，他們甚至殺人還不被制裁。就如布朗所說的：「這世界似乎倒向他們。」

他們從不為自己行為負責，而總是歸咎於別人「那樣」對他。不久前，我跟身為臨床心理學家的朋友皮朗伯討論此事，他告訴我：「邊緣型人格異常很容易診斷，他們把你害慘，敲你竹槓，壞事做盡，然後說是你害的。」就是這樣。

他們常以「悲慘故事」搏取共感人同情，例如「我妻子有了外遇跟我分手，之後我再也看不到小孩」。

吸血鬼常感到無聊，喜歡無風起浪，所以他們往往顯得十分誘人風趣，渾身是戲。在他們身邊這麼精彩好玩，偏內向的共感人更走不開。跟吸血鬼的生活對照，自己的生活多麼平凡無趣。你不想失去這些。

我過去認識的一位吸血鬼，總是這樣開場：「你不會相信你走後發生了什麼事。」接著描述一段果真非常刺激的天方夜譚。後來我明白，這是她汲取注意及自戀能量供輸的伎倆。等這種高潮迭起的劇情從我生命消失，我沉浸在嶄新的平靜喜悅。那平靜如此深刻，我和合夥人常忍不住拿此事說——還說了兩年：「哇，不用成天應付那些劇情，真是好棒的解脫啊。」

健康問題也是吸血鬼製造刺激的手法。據估計，基層醫療病患中，百分之二十五到三十藉著病痛博取關注。他們完全無意康復，醫師巡房總帶來充分關懷。馬丁尼茲醫師就說：「醫病不算難，那種怕自己病好得面對現實的病人才麻煩。」

超級自戀者可能性慾亢進，床上功夫了得，精於調情，十分迷人。幾乎不遵從一夫一妻制，往往腳踏幾條船。一旦發現無法從你這裡得到他想要的，很遺憾，他會立刻把你甩到一邊，沒半點遲疑。想像你跟一位吸血鬼結婚二十多年，有天終於醒悟，要求他改變，這時你多半發現自己深愛、全心奉獻（並深信終將會改變）的人，不僅沒打算改，還在一個月左右就找到新伴侶（自戀能量供輸來源）。共感人自是深受打擊，自忖：他究竟有沒有愛過我？

所以當你檢視所有關係，懷疑對方可能是吸血鬼，不妨看他是否採用這些常見操縱伎倆：

- 以攻擊或隱密性攻擊遂其所願。
- 非「贏」不可，絕不接受人家說「不」。如果你拒絕，他們死纏爛打直到你投降。
- 撒謊美化自己，不管事實——或他們在其中真正的角色。
- 競爭意識超強，拚命搶占上風，力求展現「權勢」。
- 不直接答覆，即便問題很簡單。例如被問到：「晚上你能幫忙到超市帶東西回家嗎？」會答說：「你知道我下班多累。」
- 自己傷了人卻總怪對方。
- 激起內疚，讓你難過。

也許你很難認出吸血鬼，因為你深陷日常無數謊言與內疚中，各種負面結果讓你來不及招架。要認出吸血鬼，你得後退一步，找出其行為模式，不能只看單次事件。要做出這個調整——修正你對某人看法——可能很難，但從一萬英尺俯瞰，有時是看清他們真面目的最好距離。

在你抗拒本能、努力留在吸血鬼身邊，試圖「改正」對方時，請務必牢記：他們沒有道德羅盤或者良心，他們欠缺真正的愛心與懊悔，他們自以為完美。他們常心存報復，不時發火，不知悔改，無能建立深刻親密的關係，習慣以欺騙剝削他人。我知道這很難接受，但他們完全知道自己在幹嘛，絕對不是心理上的否定作用。

運用某種操縱伎倆從你身上討便宜，這點他們非常厲害。一旦你看破這些手法，你成為受害者的機會就大幅降低。

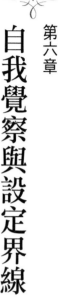

第六章

自我覺察與設定界線

西蒙博士在他那本《披著羊皮的狼》中寫道：「人類互動最基本的原則就是：入侵者主宰局面。而任何遭到攻擊（包括隱密性攻擊）的受害者，屈居下風，或情緒緊繃，總會設法扳回一城。」或者，像那句老話：「最佳防禦就是優異進攻。」

你已經能夠辨識出身邊的吸血鬼，接著就該站上進攻位置——這就是本書後半部要談的主題：讓你能夠掌握自己人生與關係的訣竅。

要對付能量吸血鬼，首先你必須坦承這的確是個問題。共感人往往很難接受有人心中沒有愛也沒有光，世上存在著缺乏品德、同情心與愛心的掠奪者。愈早接受這點，你愈是快樂與安全。

好，接受了這個事實之後，你該如何避免淪為某人供輸能量的祭品呢？讓我們從最基本著手：認清這段關係。

評估彼此關係

要知道自己是否陷入吸血鬼關係，你得知道兩件事：㈠如何認出能量吸血鬼；㈡你與這種吸血鬼建立關係的可能性。簡單說，就是你必須能正確評估自己與他人的個性，能警覺並看穿他人想操縱你的伎倆。同時，個性的哪些部分讓你容易受人左右，你也要有高度自覺。

前一章已深入探討能量吸血鬼的特質與手法，如果需要複習，請回到前面。這裡我只想引述兩句諺語，助你判斷自己是否正面對某個吸血鬼：

●「看樹看果實，看人看作為。」

●「如果他走路像鴨，叫聲像鴨，那八成就是鴨。」

這些話能讓你細看一個人的個性。記住，操縱者竭力爭取某樣東西——掌控權、自戀能量供輸，關注、地位，取得上風。別管他們說什麼，觀察他們取勝伎倆。留意對方行徑，而不是言詞。

接下來比較困難了——了解自己。我們在第一章探討過共感人的本質，如果你心有戚戚，便可做好準備：自己應該有跟某個能量吸血鬼在一起。記住，吸血鬼最有力的武器就是其獵物性格。施展身手後，對方會有什麼反應，完全掌握在他手裡。因此，你愈懂自己——和你的易感之處（這在生活其他面向或許是優點，碰到吸血鬼卻慘了）——能量吸血鬼的魔力愈少。

除了認真、忠誠、聖人般的耐性，布朗也列出幾樣讓女性更易受操弄的特質。布朗的研究專門針對女性，而具備同樣性格的男性，也同樣容易遭到擺布。

我把這些特質列出並附上幾個問題，供你審視自己是否符合：

- **尋求外向性格跟刺激活動：**你是否發現自己常跟刺激外向的人在一起？擁有一段「心安」的感情，聽起來很無聊嗎？
- **關係投資：**處於任何關係——不只是親密關係——你都會投入大量情感、精神、體力、金錢嗎？你常會覺得自己投入百分之八十，對方只給二十嗎？
- **親密：**你有辦法建立深刻情感聯繫嗎？跟人能迅速形成有力連結？這些關係會讓你覺得極想付出，心甘情願做對方要求的任何事情？
- **競爭心理：**你不可能離開一段關係？會堅定不移地拚命維持（記住，這裡談的不是共同倚賴成癮）？
- **躲避傷害能力很低：**你認為自己不會受傷？你當別人跟自己一樣，相信他們有同樣感受？
- **合作：**面臨待辦事項，你總是熱心跳出、挽袖去做的人？幽默熱情？常志願幫忙？總是鼓舞你所屬的團隊？

- **超級同理心：**你確實可以感受他人感受？電影、悲情小說、溫情廣告常讓你掉淚？從事療癒工作？責任感與應變能力：你是家人或同事求救的對象？擁有大夥的「族群記憶」——記得當初合約的存放位置、兩年前會議記錄內容？常成為職場或家中的領袖角色？
- **自主：**無須監督你總能自發做好事情？對學習新事物、研究系統、解決問題有高度熱忱？
- **超出期待：**有人說你是高成就者嗎？常比旁人努力，沒時間休息，忽略照顧自己？

心理學家西蒙博士也曾指出一些使人易受操縱的特質：

- **天真：**儘管直覺不對，你卻不願相信有人會如此狡猾，滿腹心機，不懷好意？你總認為，所有人都努力造福他人？
- **勤懇善良：**你總嚴以律己，寬以待人？遭到操弄者傷害，你總為他找理由？吸血鬼出手攻擊，你先責怪自己？

● **自尊與自信不足：**懷疑自己是否夠格得到想望的東西？你能直接有效地面對衝突嗎？還是一嗅到衝突氣息馬上讓步？很容易受罪惡感及羞恥感的左右？

● **訴諸理智：**你總試著以理性與邏輯來解釋他人舉動？誤以為操縱者的行徑必然事出有因？總是努力站在別人立場，卻忘了自己？世上就是有人沒完沒了、避人耳目地只顧自己，你卻無法相信？

自我審視

現在，花一點時間思索你生命中的人，以及自己的性格。放點柔和音樂，點支蠟燭，讓心漫遊。順著上面清單自問，是否認得那些特質。儘量坦承作答。記住，這些特質很多是能讓你成為高效率的人，只是我們不明白吸血鬼竟能如此算計、掠奪，遂不設防地成為祭品。

審視他人

檢驗完自己吸引吸血鬼的可能性，審視你所有關係，列出吸血鬼清單。儘量回溯，寫下經歷過的每個吸血鬼。如果你目前碰到一個，那你整個生命過程大概都沒斷過，且最早一位是你家人——父母之一、祖父母之一、哥哥姊姊、叔叔伯伯、嬸嬸伯母。也很可能其他家人都不曾意識到，這名吸血鬼如何輕易地操控你，或對你造成什麼樣的負面影響。

想想某個以前或現在的吸血鬼，回到你認識他們或跟他們共事的那一刻。如果當時你仍年幼，每次他們來家裡是否都讓你胃痛？你記得自己努力討好他們以自保？他們是否以某種方式嚇到你或虐待你？你是否任憑自己被宰割，因為沒人教你如何奮起對抗？

很有可能，這第一位吸血鬼是你的母親或父親。你的成長是作為他們的「延伸」，也許他們想藉著你完成過去的夢想，你整個人生就是得光耀門楣。

看著這份清單，你可注意到這些吸血鬼多像？回到第五章重讀吸血鬼特質。做此練習時，要相信自己——尤其當你正想說服自己，對方不是那樣一種人的時候。

每指認出一個吸血鬼跟他的手法，你就在一步步將他逐出生活。一段時間過後，你甚至可以在互動之前洞悉對方真貌。就算他們迷人機靈到讓你卸下防衛，你也會很快「清醒」過來，而且會愈來愈快。

我有位同事這麼說：「我媽有自戀傾向，非常自我中心，我就像『跟我媽結了婚』，持續二十三年。後來我跟一位朋友走得很近，她也是個魅力無邊的吸血鬼，我十二年後清醒。再來是一個生意夥伴，我們合開公司，三年後結束。同時間我開始跟一位迷人的女性賦權（empowerment）導師共事，這回重見曙光是在五年後——不過我們來往有限。我愈來愈能及早看穿他們伎倆，相信自己直覺，跳脫過度付出的模式。我為自己慶賀。有時我甚至可以在初次碰面就認出模式，未陷入任何麻煩。」

放棄對方

在你認出某人吸血鬼本質後，只有一件事可做。我之前說過，我要再說一遍：你必須假設他／她永遠不會變，你必須推進自己的人生，別再妄想有那麼一天，你在他們身上看到的「潛能」真會綻放。這種機率微乎其微——除非被逼到沒辦法，比方說你要離他而去，否則他們不會改的。

我還要補充這樣的聲明。布朗及西蒙博士，兩位精通性格障礙的專家，一致否決這種人有可能改變。布朗累積三十年面對吸血鬼與其犧牲品經驗，從未見過一次例外。至於二十五年經驗的西蒙則說，他是見過那麼幾次。

記得吸血鬼光譜吧，有些只出現自戀特質，有些則是徹頭徹尾的精神病態。落在輕微那端的，偶爾是有可能改變，但——就像我說的——前提必然是受迫於無奈：不改就會失去這段關係、地位、金錢或工作。他們一定是發現自己走投無路，惡行昭然若揭，伎倆不再有用。西蒙說，在這種不斷受到警告的情況下，是有吸血鬼會改——但必然是他感到相當程度的羞恥罪惡（或擔心失去），他才可能好好自省，動念改善。

這種情形，在我這輩子與整個從業生涯我只見過一次——一樁婚姻因而得救。不是受害者成功挽回吸血鬼，而是她幾乎已「踏出家門」，對先生下了最後通牒。這是關鍵。她不再奉獻於他或這段婚姻，達到難以想像、所謂的無感階段。無感，就不會提供自戀能量。不是球不在她手上，而是她根本已經離開球場，徒留他一人持球乾瞪眼。

她要他搬出去三個月，定期去看專精自戀性格異常——所以不會被他的伎倆矇騙——的治療師。失去的代價太大，先生乖乖照辦，每週治療兩次，行為開始轉變。所幸，他屬於自戀光譜偏低的這一頭，有足夠的自覺與誠意做修正。儘管如此，我還是要強調：這種情形極為罕見。

這些罕見例子發生於吸血鬼真心悔過。西蒙博士指出，那跟口頭道歉截然不同；吸血鬼可能會說：「我不是說幾百次對不起了嗎？你還要我怎樣？」然後照舊行事。真心悔過是裂成碎片，知道自己有責任證明確實盡力要成為更好的人。重點是：當一個人真心悔過，你並不需要做任何事，他們自己會想法改善；換言之，共感人無須幫他們找到對的治療師、適合的互助團體或任何東西，球權掌握在他們手裡。

但如同我說的，這種例子實在少見，你必須假設你的吸血鬼不可能改，先愛自己，別盼望奇蹟，過好自己的人生。就這樣。故事落幕。你真的必須放下，連一秒鐘也別以為有轉圜空間。這才是唯一出路。因為，在吸血鬼會改過的百萬分之一機率下，只有你完全死心才可能發生。就是如此弔詭。

我實在不想提到上面那則例外，就怕讓你抱著一線希望在痛苦中泅泳，放掉該捨斷離的重要努力。那不是正途，你必須盡一切嘗試自救，然後再決定是否還要為此人花費心思。唯一能自助之舉，就是假設對方永不會變，你得盡快捨離，盡可能切乾淨，最好跟我朋友一樣，達到無感境界。那對共感人來說十分困難，但唯有如此，你才有辦法堵住能量外溢，恢復健康，重獲新生。

關注自己

本章主題為「先愛自己」，因為那是我在這部分要談的唯一重點。這卻不是易事，所以我想直接導入正題。我很喜歡伊絲特．希克斯（Esther Hicks）轉譯亞伯拉罕（Abraham）的話語：「你無以病痛到讓病人好轉；你無以窮困到使窮人興旺。」面對無底洞，我們若自認有責，最終只有自己受苦。就像那句老話：「當你為了討好他人減弱自身光芒，整個世界暗了。」所以，呵護好自己。一直拒絕人家的關注、疼愛或聆聽，沒有半點療癒效果，只會帶來風險。你不該窮盡一生，只顧燃燒自己照亮他人。

你很重要！你的安好是集體的重要一環，你的安好對集體有正面作用。如果你一味犧牲自己成就人，誰來救你？不會有人的。如果不懂得照顧自己，你會陷入為救人而犧牲自我的循環。我曾半開玩笑地告訴大家，如果他們跟孩子、先生、母親、妻子等人的惡劣關係無法處理好，之後那痛苦必定會以加倍力道再度出現，是所謂造業。好吧——我過於簡化了，業的概念當然複雜許多，不過你了解我的意思。

有人估計過，你作為你，存在這個世上——當你想想地球有多少人口，有多麼龐大數量的精子無法進入卵細胞——的機率是四百萬億分之一。記住這個。你的存在是有意義的，你有責任彰顯天賦，以你的才華造福世界——而在其中，我們自身安好是絕對重要的。因此你要先愛自己，先聚焦自身福祉。由此帶來的充實喜悅會使你難以置信，獲得充分療癒。

要達成你此世助人愛人的天命，唯一途徑便是相信自己，待己如你待人般，拿水給人之前先解自己渴。尋到你本有的愛，那從不棄絕你的愛。

為能讓你把焦點轉至自己，請以每天早晨這段朗讀展開一天：

「我宣誓效忠我自己
捍衛我的靈魂。
我珍重我的美德、天賦、才能。
我保證對自己忠心
從此刻到永遠。」

我稱這叫新版效忠誓言；馬丁尼茲則形容此舉是「以謙卑接納自己的偉大」。無論何以名之，此舉確能改變一切。如果你不喜歡這套誓言，儘管用你自己的語言，重點是每天認可自己的重要，不斷反覆變成下意識。每天練習，很快你就能有意識地做出珍重自己的抉擇，再下去，很快你也能不經思考做出對的抉擇，那時這想法即成牢不可破的信念。

是的，先愛自己並不容易——說比做還難——但絕對值得。開始時你會有罪惡感——保證會有；那時，你必須留意那股罪惡，靜靜接納。僅僅這樣，即可削弱那種感覺的威力。我自己喜歡用遊戲方式應對，每當我查覺罪惡感來襲，我就用力地鼓舞自己：「幹得好！你逮到它了！真是沒人比你更懂得怎麼對付罪惡感了。」

信不信由你，完全接納罪惡感可以讓你快速脫身，不至於陷在裡面糾結。愈抗拒某種感受，我們愈受其束縛，就像俗話說的：「你得先感受它，才能治療它。」而儘管罪惡羞恥令人備感痛苦，真實體察然後釋放，絕對要比在心裡悶燒好的多。當你感到羞恥、罪惡、悲傷——或任何痛苦——向自己道賀吧！

設定界線

設定界線是先愛自己的一項有力武器。界線形形色色——從澈底斷絕，到刻意淡化。界線絕對是你維護清明意識之鑰；懷疑你的吸血鬼有邊緣性人格異常時，更是如此。想避免成為自戀能量供輸站，不用說，切斷聯繫最有效。結束婚姻，斷絕往來，辭職走人。但對多數人而言，這行不通。你不能就這麼拋下老公，孩子怎麼辦？不能辭掉工作，你很需要錢。如果你的吸血鬼是孩子裡面的一個，怎麼辦？這些情況下，目標是在合理情況把接觸降到最低——至少能儘量不受剝削。

還記得我說，我職涯初期曾如何受到一則負面批評打擊，無從享受另兩百個正面評價應該帶來的喜悅？這種情形總讓我連續兩週陷於低潮，不斷自我懷疑。如今再也不會了，因為我劃了界線，決定不再自己看郵件，把這件事交給助理——作為自衛機制。如果是建設性的批評，我會改善。但老實說，這麼多年來還真沒超過兩則。

社交媒體出現後，批判謾罵簡直無以抵擋——尤其你若有點曝光度。不用說，愈是公眾人物，受到的詆毀愈大。我記得二〇一七年奧斯卡轉播，看著我喜愛的明星們對鏡頭唸出當年度推特上對自己的批評；當那麼棒的艾瑪．史東（Emma Stone）唸著一則「艾瑪．史東在她每部電影總是一副婊子樣」，簡直令人瞠目結舌。

所以，面對這種問題，就是擬出應對策略。我在為這本書做最後校閱時，曾幫一位農夫朋友開了臉書現場節目，向大家介紹他種的富含抗氧化成分的黑醋栗。來自全球的數百名朋友積極參與，很多人熱烈發言，然後飛來這麼一句；一位女士說：「你讓他自己好好說會好多了。都聽你一個人在講。」好刺人。霎時我又感到自己裂成碎片。當然那只是她個人意見，卻讓我糾結好久——基於總想取悅、療癒人的個性。

現在我這般應付社交媒體——你也可以找出自己的應對之道。碰到批評謾罵，我不再試著「長他人氣焰」，不努力送上愛，也不拚命解釋。面對奚落攻擊，我直接刪除。如果再度出現，我就按「封鎖用戶」。我的臉書網頁是我的王國，我幹麼任人毀壞？那就像我的家，我不會讓人丟垃圾到我院子，虛擬院子又怎能讓人糟蹋？社交媒體讓人口無遮攔的地方很多，但不包括我的網頁。

人生很多情況亦然，只要做點改變，就能保護好自己的能量。假如某個同事坐在你往洗手間途中，每次你要解手就被他疲勞轟炸個沒完，那就走不同的路吧。若沒別的路，那可有另一個洗手間？

友人有所求才來電？別接——但也別找理由。行動說明一切。如果他有勇氣問你是否在躲他，指出他的行為。場面可能不漂亮，做好心理準備。

我有位朋友，姑且叫他山迪吧，他公司的總經理是個只會霸凌底下的人（也是吸血鬼），成天亂發脾氣，任意辱罵他。山迪終於受夠了，直說：「我究竟做了什麼，你要這樣對我？」情況從此不同。山迪挺胸面對，對方轉而欺負別人。我最近聽說那個霸凌踩到地雷，被公司解僱，婚姻也出狀況。這正是一般吸血鬼常見的情形。

說「不」的力量

「從否定得力」，是減少與吸血鬼互動的最好方法之一。換言之，學著拒絕別人，即便過程中不免傷點感情。這是基本，就像以前那些對抗毒品的廣告講的：說不，就對了。

我知道你怎麼想：如果說不有這麼容易，我老早就做了。情況是這樣的：說不，需要練習。以不傷人情感的方式說不，其實是有可能；只要懷著愛，這個你肯定有。如果一開始說不出口，那至少這麼說：「我再答覆你。」你要修練成功的重點是別再反射說好。「我很榮幸你找我，但我必須拒絕。我知道你會理解。」這樣說不就挺好。

你可以用這個小練習，開始嘗試拒絕。下回當有人要求你做什麼，深呼吸，察覺當下感受：如果答應，會感到胃部下沉嗎？還是興奮？覺得對方開口讓你很困擾？這樣的釐清，會讓你很快明白自己是否真的願意。如果不是「當然好呀」，就是不好；而在想拒絕卻說好的矛盾下，整個往來將充滿負能量，對誰都沒好處。

從小事開始練習。想要來罐汽水嗎？不。我可以把外套扔你床上嗎？不，請把它放這裡。我們一邊談話，我一邊吃東西可以嗎？不。看看兩歲小孩怎麼做，人們就在這時發展各種尺度，學會說不。我那兩歲孫女，每次我做了什麼她不高興的事情就喊：「露露，住手。」清晰而堅定。讓我很開心。一旦你比較習慣說不——或是「我再答覆你」——就可以往較大的事情努力，但別跳太快。想像某個場景，你希望拒絕，以前卻總沒勇氣。帶著自己走一遍，一步一步來。你甚至可以默想一個真實狀況，明明不想，嘴上卻答應人家。後來怎樣了？你高興自己說好嗎？還是變得更糟，跟每次一樣？無意識是不辨時間的，當我們心裡重新經歷某事，便強化了該事的分量。身心都不知道過去、現在有何不同；它們不知道你是此刻經歷此事，還是在記憶裡重溫，它們只知道你正體驗著一種與某事相關的情緒，那就足以讓大腦判定為真實經歷。這麼做——反覆地做——會讓你長出新的神經路徑（neural pathways），引導你以後做出新的反應。所以說，這個默想練習就是要創造讓你說不的神經路徑。再回到那個場景，默想說「我不行」。一再練習，直到那成為你在這情況下的直覺反應。別忘了，不需理由，不必解釋，就只要說：「我不行。」無須討論，你不欠對方什麼。

再換個場景，想像朋友邀你跟他們去做某事，想像你心裡一沉，但又不想讓他們失望。

想想你要怎麼說不，然後默想自己對朋友們開口，他們會有什麼反應。走過這份恐懼。重新練習，直到恐懼不再升起。

當你能壓下說不的恐懼，進入健全關係的機會便大大增加。

折翼

另一個我很喜歡、專門用來設定界線——或跟吸血鬼澈底切割——的技巧，叫做「折翼」。在我涉獵能量吸血鬼之初，在工作上與某先生合作，後來才發現他是我到目前為止碰過最厲害的精神病態者。他對待我們的合夥關係十分不專業，對我簡直又哄又騙，說我多特別多能幹又多漂亮，哪個男人娶到我是多大的福氣。你了解了吧。我沒有特別喜歡他，但當時那些情詩跟禮物確實令人動心，問題是他對我們的合作不老實——不斷更改合作條件，始終沒有定案。我決定劃出界線，只跟他維持工作往來。

那時我正接受一位心理學家的諮商，她教我一招——對邊緣型人格障礙特別有用：你假裝生病或家裡出事，換言之，跟對方交換位置。現在你成了折翼鳥，有需求的是你，不是他們。這招出手，他們就像豔陽下的霧，立馬消失。

網路交友——吸血鬼四處橫行之處——也適用這招。吸血鬼常打悲情牌，像「我是鰥夫」、「我離婚不久，前妻不讓我看孩子」之類的。聽到這些，你就要抱持警覺，相信直覺，有一絲不安就使出「折翼」回應，看他們閃人有多快。

丁點之愛

到目前為止，我們談的設定界線對象都沒那麼重要，碰到重要情形怎麼辦？

走不開的婚姻裡，如何劃出界線？跟母親或姊妹怎麼設定？情況在此就比較複雜。

馬丁尼茲醫師告訴我們，對有毒（toxic）的人來說，愛具有毒性；他們只能承受那麼點愛，再多他們就變得傷人。當他們開始嗆你或變得難纏，你就知道劑量超過了。舉個例子，你去探望母親，好一陣子沒見，你好開心再聚，希望這回情況較好。一切進展的不錯——持續約三十分鐘。然後她開始批評你的髮型、工作、小孩。你心裡有數，準備道別。你一定要明白，當她轉為負面，你絕對無法再讓她開心，你該做的是離開，或至少關上門到別的房間。你可以說：「我留意到你開始看我不順眼，所以我先走了。」不要情緒反應，別哭求，別指望她體會你的感受。走就對了。就這麼簡單。有個部分你一定要習慣：他們絕不會喜歡你劃界線。沒有任何吸血鬼願意被揪出原型。關於吸血鬼，你看過電影也讀過書，對吧？他們無法立足陽光下。當你劃出一條安全界線並嚴格遵守，無異就是讓光線透進，照在他們身上，他們要退到暗處。你也得適應他們對你的責難，還企圖拉攏其他家人——聯合大家抵制你。別以為你可以挺身對抗，你不能，走開就好，不用聲嘶力竭。最終，大家看的是你的行為——不是你說什麼。走開是非常有用的。

另一個與吸血鬼相處，但不致耗盡自己的方法：用心設計你們能一起從事的活動。想想什麼樣的事情適合他，理想的時間長度如何。我一位朋友的父親是道地的吸血鬼，他們父女倆都喜愛看戲、藝術、博物館，所以她學會用一個下午或晚上陪爸爸看場電影或表演——搭配或早或晚的晚餐；兩人都很愉快，她不再需要應付爸爸的脾氣，不再徒勞無功地討他開心。她早已學會一事：到爸爸家待一個晚上——與他現在的妻兒共處一室——完全行不通，每次離去她都眼眶泛淚、身心疲憊。現在她學聰明了。

與必須往來的吸血鬼劃出界線最後一招：展現最乏味最沒生氣的自己。這方法叫「灰岩石」，招如其名：讓自己變得跟了無生氣的暗沉岩石一樣。以「對」、「否」作答；合乎人情之內，把互動減到最低。記住，吸血鬼要的就是自戀能量供給，以冷酷對待，就是把水龍頭給關上。

中間境界

等你很會辨識能量吸血鬼，也懂得設定界線，你就來到我所謂的中間境界。這兒介於了解吸血鬼與斬斷彼此關係之間，此時，你可能覺得悲傷寂寞，原因有幾個：第一，雖然你已不再輸出能量給吸血鬼，但也還沒到獲得良善新朋友的階段；當你跟吸血鬼關係未斷——儘管逐漸微弱——你在那些老遠就能認出吸血鬼的人們眼中，即便不是隱形，也沒什麼吸引力；你還沒能與任何人建立認真平等的情誼。就像我一位老靈魂朋友最近說的：「過去我太溫順，真正健全的人幾乎是看不到我的，而老實說，那時我大概也不會想理他們，因為我整個自尊只建立在一件事情：我能怎麼幫人解決問題。」

使你感覺悲傷孤獨的另一點是，你發現最親近的朋友圈只剩幾人，甚至不過一二。我常玩笑說，在我遠離了「假朋友真敵人」與其他黑暗層面後，常來往的朋友半隻手就可以數完。

最後一個原因是，你開始升起某些多年未有的感受——也許源自孩提時。當你開始嘗試取悅吸血鬼好被家人或團體接納，你一直壓抑當初那些被親友恥笑、拋棄、背叛的痛苦。等你把焦點轉回自己，這些情緒將一一升起，讓你有時無法負荷。

所以你得做些努力，你必須切實感受自己的悲傷，但別太苛責自己。你回到那個受傷的小孩，她需要更多的愛，不要少給。想像一個脆弱的兩歲小孩，以同樣的溫柔慈悲對待你自己。

也請了解，在你投入時間精力，踩出必要腳步保護自己、增長自己時，你正做出驚人轉變。這些努力必然會有收穫，不用多久，就有一群熱情健全的人進入你的生活。所以別擔心這個中間境界，它會過去，你只需要專心療癒自己。

第七章
汰換舊有互動模式

你已經（但願）跟那榨乾你精力的吸血鬼拉開點距離，接下去就該進行療癒，因為光是離開這種關係，並沒完全解決問題。

實際上，多數人離開後感到莫大的悔恨，困惑著：我究竟怎麼會讓自己陷在裡面這麼久？這很正常，記住，吸血鬼與共感人的互動要到最近才漸漸為人所知，你瞧，音樂劇《旋轉木馬》（*Carousel*）那男主角明明會動粗，女主角都還歌詠著對他的愛！幾世紀以來，整個文明都在壯大這些角色，所以你別太責怪自己。此刻的目標是往前邁進，療癒自己。

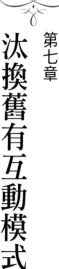

你要學會面對空虛——過去你不斷嘗試拯救那吸血鬼，源源輸出你的關愛，現在留下一片空白。你得願意忍受這些悲傷起伏，直到完全走出。如果這些情緒不處理好，你很可能又走入一段殺傷力相當的感情。我們來開始吧。

相信自己

第一件事，你要學會重新相信自己。這些年的被騙、被操弄、被羞辱、被逼到抓狂，足以毀掉自信，讓人思緒混亂。

布朗的研究證明，許多跟吸血鬼在一起的女性確實出現認知失調。雙眼被矇蔽多年，她們無法清楚思考。不誇張。厲害的吸血鬼永遠像個受害者，我們反而成了壞人。我朋友凱若，有博士學位，最近結束與一個吸血鬼長達二十年的婚姻；期間每當自覺快瘋掉時，她就發簡訊或語音留言給我，訴說當時一切。多年來先生讓她嚴重懷疑自己，她需要知道自己依然神智清明。每次她打來，我可以點破她先生耍什麼詐，更重要的是，我能向她保證她沒瘋，她對事態的直覺完全正確。

而在這種情況裡的許多人，身邊並沒有一位「現實觀照者」（reality check）。他們的焦點多半放在吸血鬼身上，沒想到要找援手穩住自己。復原有可能，這毫無疑問，但得花不少功夫。當你經年受制於吸血鬼種種操弄伎倆，你會失去對真實的有效認知。

重建自我信賴有許多途徑，以下是我發現最有效的一些：

自我教育：吸血鬼存在幾世紀——操控家庭、城市、公司甚至國家——精神保健領域卻要到這二十五年，才有能力加以診斷，指認其手法。你這方面的自我教育愈多，尤其對於自戀型人格障礙，你就愈能及早看穿。相關知識的啟迪效果非凡，讓你發現自己對那人的直覺正確，明白問題並不在你。這對你的復原幫助極大。

網路關於性格異常者的資訊十分豐富，YouTube上，梅蘭妮・湯尼雅・愛凡絲（Melanie Tonia Evans）有個常態性節目叫做ThriverTV；另外也可找到許多西蒙博士的深度訪談。谷歌「自戀型人格障礙」或「自戀型虐待」，出現的資源將豐富的讓你訝異。看看不同人的說法。同樣的，這些都有印證作用，讓你能再次相信自己。自我教育還有個附帶好處：你會學到更多療癒管道。

找個現實觀照者：凱若婚姻裡（如今仍是）有我當她的現實觀照者，你也需要一位腦筋清楚、你信得過的人，在你混亂迷惑時可以求助。你至少得找到一名看得清情勢的人，這非常重要。往往那是認識你很深的朋友，且沒被你的吸血鬼迷惑。

與直覺合作：身為共感人有個好處：其實我們直覺很強，我們能洞悉大多情況。但在吸血鬼多年迷惑之下，我們喪失對這股直覺的自信。比方說，若我們對某人或某事第一個反應是憤怒，我們應該予以信賴。記得，憤怒只是需求沒被滿足的信號。開始治療後，你可以做些事向自己證明，那些感受其實多麼正確。開始留意你的直覺告訴你什麼，持續追蹤。不只如此，也追蹤你選擇躲避（或親近）的人或事，觀察發展是否如你所料。寫下一切，做成直覺日誌。很快你會發現，直覺讓你清楚掌握所有狀況的真實能量。

經常鼓舞自己：每發現自己某些事做得不錯，馬上給自己打氣：「我衣服摺得真好，看上去真美啊（拍拍自己肩背）。」或者像：「今天花了十五分鐘靜坐。真高興我為自己騰出這樣的時間（拍拍自己肩背）。」「今天在地鐵站對陌生人微笑——那一刻我們彼此有了真誠的交流。我真開心（拍拍自己肩背）。」「今天我吃東西非常仔細，覺得味道好棒。我真是了不起的自我照護者呢（拍拍自己肩背）。」

拍背這動作可以是真的，也可以在腦中進行；重點是你認識到自己的好，強化自我價值感。

學著重新相信自己，需要時間；多年來因為某人，那可能已蕩然無存，要馬上恢復並不合理。給自己充分的時間與後援，你終將恢復明澈心智。

澈底斷絕吸血鬼

我知道這恐怕很難，畢竟你天性對人好，但你一定要停止關心吸血鬼。你也許已成功地拉開距離——不見這吸血鬼，不接電話，零互動等等——你還得設定情緒界線。我聽得到你的反應：「那可以這樣或那樣嗎？你知道，畢竟他是個人。如果說每五個人就有一個吸血鬼，那還會有誰關心他？」親愛的，讓我告訴你吧——吸血鬼永遠有辦法找到照顧他的人的。絕對如此。我從沒見過一個吸血鬼「無依無靠」，一次都沒有。他們再婚或找人呵護之快簡直破紀錄，過程中唯一受傷的就是你這種人。趕快停止再輸血給他，你的生命之血。明白了嗎？記住這個——你會讀這本書，就表示你必須透過讓吸血鬼榨乾才能領會有關自我價值、自我呵護的漫長功課結束了。很遺憾，仍有數百人還沒學會這門功課——時機未到，所以他們會繼續照料吸血鬼。

尋求支持

當我們終於「了然」吸血鬼本質，要展開療癒時，將非常非常需要支持——僅靠「現實觀照者」友人是不夠的。一位專精治療自戀型虐待的心理治療師，是這個階段的無價寶藏；遺憾的是，精神保健及心理治療到近二十五年才認識到精力吸血鬼，許多向欠缺這塊知識的傳統治療師求救的受害者，已飽受傷害。西蒙博士《披著羊皮的狼》第一版在一九九六年問世，當時精神保健界幾乎沒人懂性格障礙，西蒙博士開工作坊、指導治療師，至今超過二十五年，而他披荊斬棘之初，許多治療師甚至聽不下去，在他授課時起身離去。他們根本不相信他所講的，那有違他們的專業知識與信念。

情勢雖有改善，但仍有太多治療師及精神保健專家，不了解自戀性格異常與共感人這種關係是怎麼回事，更無法提供正確療癒。如果你還無法與你的吸血鬼完全切割，決定進行夫妻輔導，那麼，找到一位懂得應付性格異常者的治療師非常重要；如果治療師不懂，便可能臣服於吸血鬼的操弄伎倆，讓你受傷更重。我聽過太多女性於諮商時受到屈辱，因為治療師被迷人吸血鬼的巧舌如簧打動，站到他那邊去了。這就是為什麼你一定要找到正確的協助。找錯治療師，完全沒效還算好，糟的話甚至會形成更多傷害。治療師必須知道如何處理性格異常，能立即點破其伎倆。

要找到專精療癒吸血鬼關係的治療師，就找一位了解性格異常疾患的。直截了當問他們，對自戀型或邊緣性人格異常懂多少；如果這問題令他們瞠目，另找他人。

布朗研究精神病態者大約二十五年，也持續深入理解會被這種人吸引的女性。她提供很棒的療癒中心，讓逃出自戀型虐待的女性得以休養身心。

除了治療師的協助，找到與你有類似經歷的人也很要緊。大致說來，這個文化對自戀型虐待頗為陌生，這也是布朗提供的休養所這麼棒的原因——你可以跟其他處境類似的人一起進行療癒。愛凡絲針對這種療癒開設一個網路節目，附帶有臉書社群，幫助了無數遍布世界的受害者。

留意你要參加的團體性質，你不會想加入一個只會抱怨的群組——在這裡，唯一的「支持」就是安慰，只會強化成員的受害心理。在這種團體，成員無法向前，只深陷在過去痛苦的泥淖，或仍把焦點放在吸血鬼身上，不斷反覆。你要找的是自由、健康、愉悅，你要完全脫離吸血鬼—共感人的狂癲之舞，如果你持續以柔弱受害者自視，真正的你將永遠無法覺醒。

如果找不到適合的自戀型虐待療癒團體，不妨試試匿名戒酒者互助會，或是倚賴成癮自助戒癮會（Co-Dependents Anonymous）。雖說匿名戒酒者互助會是針對酒癮狀況，但與有酒癮者同住的情形，跟與吸血鬼在一起頗有相似之處。你希望能改變他們的行為，卻無計可施。讓他們改變你才安心，這占據你全副心神。而真相是：你對此完全使不上力（這也正是十二道步驟療程第一步的基礎：「我們承認我們對＿＿＿＿使不上力。」）倚賴成癮自助戒癮會，則針對陷在一種強迫性相互倚賴關係裡的人，幫助他們恢復，打造健全關係。布朗說得很對：具備超級特質的女性絕非相互倚賴成癮，也不是關係成癮，她們的明朗善良加上超級特質，太容易讓人誤會，因此（包括男性）常被貼上錯誤標籤，受到錯誤診斷，直到今天，多數人仍不了解他們多麼不凡。所以你可能發現十二道療程很難「直指核心」。擁有超級特質者，就是「看不見」吸血鬼的黑暗。話雖如此，這種聚會仍有其好處，只是良莠不齊，你最好多多嘗試，找到你喜歡的團體。記住：重點不在吸血鬼或酒癮的人，重點在你。共感人常過於依附吸血鬼，你能在這種聚會中看到其他人有同樣問題，這是十二道療程效果不錯的地方。另一個好處是：這些聚會都免費，且遍布世界各個角落。

淨化舊有能量

要走出與吸血鬼這段關係帶來的折磨，另一個重要步驟是專心清除那些卡住的舊能量，它們藏在你沒能表達出來的情緒中。我們共感人最喜歡做「愛與光」之類的事，例如太早就嘗試原諒生命中的吸血鬼，想對他們傳遞愛。萬萬不可這麼做。那會延遲你的療癒。你必須先深刻感受內心所有痛苦，再將一切憤怒受傷的情緒排出體外，你得完全感受所有情緒安全地表達出來。

我的廣播節目的一位聽眾來電說，她離婚一個月，身無分文，所有財產被那吸血鬼前夫拿走。前夫是成功的企業執行長，「社區重要支柱」，非常善於隱密性操縱手法。婚後近二十年，她終於鼓足勇氣提出離婚。她說我跟西蒙博士在節目中的談話讓她受益匪淺，也提到她目前正跟著一位很棒的靈性治療師，只是仍不時被食道痙攣折磨——這個腸胃疾病始於幾年前，就在她開始意識到先生是個怎樣的人時。其他時候她也常感到胃不舒服，但這個食道痙攣不大一樣。雖然她跟她的吸血鬼只有最低限度的聯繫，我知道他的「鉤子」仍在她身上，所以我帶她做一遍印記刪除（imprint removal）——這我馬上會教你；那是我從已故的彼得．卡爾霍恩（Peter Calhoun）學來的，他轉為薩滿教巫師之前原是聖公會牧師。印記刪除歷程當中，你要找出身體藏有卡住能量的部位，並想像吸血鬼坐在你前面，你能分享你的真實感受。我教這位女士讓前夫知道這些，並鼓勵她儘量大聲地講（療效會更好）：「傑瑞——你這個他X的大混帳。我原諒你帶給我的一切痛苦磨難。我送你踏上你的療癒之路。」那聲咒罵絕對必要，才能活絡那卡住的能量。後來她沒再感到胃部不適，我相信食道痙攣也已在療癒途中。

印記刪除儀式

已故的卡爾霍恩發展這套儀式，以助人清除留在身上的負面能量印記。我發現用這來找到問題根源，澈底清除，成效極其顯著。最好是由兩人進行，且稱一人為治療者，另一人為主角。

一、主角——要去除印記者——坐在椅子上，周圍有空間讓治療者移動。

二、治療者要主角指認自己感到有能量卡住的身體部位，通常會在喉嚨、胸口、太陽神經叢。

三、此時，治療者「打造」療癒場域，細節如下：

治療者說：「以大天使麥可光芒之劍，我要斬斷連至（主角之名）身上一切能量索。」於是他想像持劍割斷主角周遭的能量索。治療師若直覺很強或可感應能量，也許看得到刀劍繩索、需認真斬除的任何事物。用力斬除。通常有意念就有成效，但持著大天使麥可的寶劍揮舞也挺好玩的。

此時「場域」淨空，主角準備好刪除印記。

四、主角想像她那吸血鬼坐在眼前，對方帶起的感受在體內升起（附帶一提，吸血鬼可以是過去式，甚至亡者。印記沒有去除的話，始終存在）。

五、治療者鼓勵主角把心裡話告訴吸血鬼。這是台詞：「（對方名子），我原諒你，我也送你踏上療癒之路。」

言詞跟情緒表達得愈強，印記去除得愈快。舉例來說：「梅寶，你這個無恥的賤人，我原諒你跟我最好的朋友上床、澈底背叛了我的信任，我也送你踏上療癒之路。」或像「山姆，我原諒你為另一個女人拋下我，留我單獨照顧孩子。你真是個混帳。我送你踏上療癒之路。」如果能量仍強，就繼續講。通常兩句強烈措辭的話，大概就差不多了。

主角無須講個沒完。這不是治療課程，是要清除負能量。

透過印記刪除，你想讓吸血鬼充分理解你的心情，愈強烈愈好，沒半點遲疑。什麼「貼心」或「政治正確」完全收不到效果。

你會知道主角是否找出身上的印記，這時他們會變得非常激動——涕淚縱橫或悲憤填膺。記住，台詞是「吉爾（或任何名字），我原諒你，我也送你踏上療癒之路。」你也不想繼續沉溺在這股能量，到此為止結束。

主角讓吸血鬼體會到自己感受——並送他們踏上療癒之路——下句台詞是：「我也原諒自己（的行為）。」例如：「我也原諒自己，明知早該離開你卻還待那麼久。」

一般來說，主角在原諒自己這時，就正視了自己在這關係裡的責任。最強大的療癒、移除，往往發生在此刻。

治療者便問：「你準備好昇華紫羅蘭火焰圖案了嗎？」

若主角覺得該說的都說了，就答是。

此時，治療者提示主角台詞：「我要昇華紫羅蘭火焰圖案。」

治療者想像主角坐在一團紫羅蘭火焰中，舊能量燃燒殆盡。

治療者請主角發現身上原有感受（胸口緊迫、喉嚨異物等）消失時，說一聲那代表印記成功刪除。有時會需要再走一次（註：紫羅蘭火焰是一股無形的療癒能量，所有人都可以召喚。想知道更多，谷歌一下「紫羅蘭」。浩瀚知識會讓你大開眼界）。

印記燃燒完畢，必須「封裝」現場，透過午夜藍與金光予以封印。於是治療者這麼講：「現在我以午夜藍與金光封裝這塊場域。」伸出手，確實想像以此光芒整理這處流瀉能量的場域。

鼓勵主角休息。這是不折不扣的一場精神手術，力量強大。術後休息十分重要。我帶過的許多人，走完這趟儀式要躺好幾個小時。做好心理準備。主角如果沒有足夠休息時間，別進行印記刪除。

還有一點：往往在移除一個印記之後，另一個印記浮出，從更深層升起。若是這樣，別暗自受苦，盡快進行更深層的印記刪除。療癒就是如此——一層接一層。

第八章
療癒自己的內在陰影

療癒吸血鬼關係造成的直接傷害，無疑是療癒之旅的重要一步，然而你還必須處理更深層的傷——從孩提時代背負的種種。那是讓你對吸血鬼沒抵抗力的主因。現在該進行深層的情緒療癒，那也是深層身體療癒的第一步。

找尋自愛及自重

掙脫自戀型虐待的人，幾乎都應處理本身的自我意識。能量吸血鬼的自我超強——他們總相信自己遠優於人，世界為他們存在——至於共感人的自我，靈性導師麥特·康恩（Matt Kahn）形容為「不如人」。這不如人的自我，得靠著自我懷疑支撐。那跟一般認定的自我毛病相反，但的確是自我無誤。這類型自我總為各項缺點折磨，還不斷挖掘自己有待改進之處。如你已知，我們共感人曾經歷讓我們自慚形穢的童年——就老靈魂來說，那更始於前生，意謂我們往往出生就伴隨著沒有價值感。在每個共感人的青春期，需求跟情緒都受到忽略，我們覺察父母及近親內心能量的封鎖，這感覺糟透了。而就像康恩所說，我們決定「為了受他們喜愛，自己就得跟他們一個樣」。所以我們降低共振層次以配合他們。若走其他任何途徑，感覺要更糟。

在與自戀型性格異常者的關係裡，我們這種低人一等的自我意識飽受滋養，那是讓我們流連不去的原因之一。渴望證明自我價值、終於能夠「達標」，這種心理成了自戀者操控我們的利器；我們拚命爭取永遠達不到的目標，因他們不斷移動終點線。無論我們是否達到理想體重，打扮是否亮麗，收入是否夠高，都不重要。在他們或我們自己眼中，我們永不可能「合格」。

我的一位病人發現她俊帥英挺的律師吸血鬼先生有外遇之後，離了婚。她承認自己習慣盯著老公問：「但我有進步，對吧？」她指自己的體重身材——期盼從先生那兒獲得認可，吸血鬼卻永遠不會給的。另一位病人告訴我，在公公葬禮上，吸血鬼老公（之後她也離婚了）向人介紹她是他的「百萬元寶貝」；她從來不遺餘力拚命賺錢養家，為了討他開心，更不惜花大把銀子送他參加探險之旅。她一直以為，這樣可以緩解他的「抑鬱」。

但我離題了——為的是要凸顯一點：為了保護自己免於這類傷害，我們必須反轉那自慚形穢的自我意識。停止餵養，不可任其茁壯。只靠意志無法達成，唯有用心，才可能翻轉成功。我們要從自己毫無價值的幻象覺醒，毫無疑問，那種幻象已被滋養了好幾世紀。

想療癒內心、摒除自己不值的幻象，你得挖掘自己的情緒。大衛．里喬（David Richo）在他那本《以愛之名，我願意》（*Ho to Be an Adult in Relationships*）

中，提出讓關係強固充實的特性，他稱之為5A：關注（attention）、欣賞（appreciation）、接納（approval）、情意（affection）、包容（allowing）。如果伴侶能提供上述五點，你將體會真正親密帶來的療癒，感到被正視，被珍惜，受關愛，有價值。這五點能滋養健全的自我意識——並驅走自己毫無價值之感。可喜的是，你無須等待某人現身給你這些。人生最重要的關係是自己跟自己，就從這做起吧。治療師暨女性保健專家塔米・林恩・肯特（Tami Lynn Kent）為這五個A加上真言，讓它們更具力量：

- 關注：我看著你。
- 欣賞：我看重你。
- 接納：我接受你。
- 情意：我深愛你。
- 包容：我信任你。

建議你每天早上，望著鏡中自己的雙眼，大聲唸出這些句子。第二十天——甚至更早——你會察覺能量的轉變。未來，你可藉這五點是否存在，來了解一段關係的價值。

這一切關乎如何更愛自己，如何翻轉自我。在一次我跟西蒙博士對談的廣播中，一位女士來電，她已切斷一段吸血鬼關係，一年未曾聯絡，但她表示自己仍不知道如何愛自己。西蒙博士問她多常鼓勵自己——多常在自己做的不錯時，給自己欣賞、接納與熱情。結果她已很久沒有做過。西蒙表示，隨自戀父母長大的人（之後很容易受吸血鬼吸引），無法體會有人環抱肩膀給予支持的感受，也欠缺受到肯定與關愛的認知。治療妙方——除了治療師、配偶或好友提供的修復性關係——就是自我肯定。

尊重陰影

針對我們那種一無是處的感覺，翻轉自我是療癒很好的起步，但還有很多要做。我們也必須學會尊重自己的陰影——我們把這塊藏在暗處，不給人知道我們「真正」樣貌，包括所有負面、遺憾、嫉妒、憤怒、悲傷。若不加以正視，予以尊重，這些感受絕不會自動消失。

康恩曾在他的YouTube節目講過一個滑稽故事，他說當他自己練習做這「我愛你」的功課時——就對自己大聲說「我愛你」——腦中一個聲音忽然響起：「去你×的」，清清楚楚，如雷貫耳。康恩由此認識到暗影的力量，這是我們遭受排斥、責罵、忽視之處——即便實際上，我們的誕生本出於愛；這是我們深處在說：「我告訴你——愛什麼狗屁之類的，根本不管用，你聽好，我才不會再做這種愚蠢嘗試。」的那塊地方；這是住在我們內心那個受傷的小孩，而這小孩只能是一小部分，否則會主導你整個人生。尊重陰影的方法，是告訴內心那個小孩：「親愛的，我很遺憾，很遺憾你經歷那些。」誠心誠意地講。觸及神性最快之道，就是關照心底那個受傷的孩子——如果你繼續忽視，他不會善罷甘休，實際上，他將主宰你的內分泌、免疫、中樞神經等系統，直到你認真關心他，停止漠視。

尊重陰影、關懷內在那個小孩，也涉及我談過的一件事：搞砸什麼時，好好讚美自己一番。只要自覺做錯事——像是打翻了什麼、絆倒、忘了某個約會、感到哀傷、憤怒、進退維谷——立即予以正視且褒揚自己。這完全違背直覺，卻能立即轉變能量。舉例來說：你把什麼潑倒在桌上，就告訴自己：「哇——我可真會打翻牛奶啊，手不過這麼動一下，就造成這種局面，這不是天才是什麼？」或你哪天早晨醒來，自覺孤獨而升起一股哀傷，你可以自言自語：「我覺得好難過好寂寞，而我馬上能逮住這種感受，沒有人像我這麼厲害的了。」

明白了吧？其實你在自得其樂，那些暗影終將消退，失去主宰力。何故？因為你予以尊重，毫不輕視怠慢。內在那個飽受冷落而深感受傷的小孩，你已充分給予撫慰。

當你裡面那個小孩仍滿腹憂傷、憤懣、寂寞、自覺一點都不可愛，你外部體驗也會複製那些傷痕。只要那沒被療癒的孩子在生命底層控制你一天，你就只有成為吸血鬼大餐的份。

臨床心理學家桃樂絲·柯恩（Doris E. Cohen）博士在其著作《輪迴》（*Repetition*）指出，在我們以愛與同情擁抱內在那個小孩之前，我們將不斷重蹈童年覆轍。下面這套快速途徑是我從柯恩身上學來的，名為「重生七步驟」（Seven Steps of Rebirth）。每當你受到任何事件衝擊或感到不自在，不妨一試。

● 第一步：停止

口中唸著「停」，腦中想像停止標誌。

● 第二步：呼吸

用鼻子深深吸氣。記得：手腳不要交叉，兩腳平放在地。屏息數到四。吐氣稍微久一些，數到五。臉部肌肉保持放鬆。

● 第三步：意識到「喔喔，我又來了。」

確認你是你自己故事的作者。「喔喔，我又來了。」能讓你不帶批判地審視自己的故事。

● 第四步：捕捉數字

意識捕捉心中浮現第一個數字。那是成人之你，在下一步要遇到的那個小孩的歲數。

● 第五步：與小孩會面

創造一個神奇的自然景象——神奇花園——你在此與童年之你相會，給他／她愛與保證。記得祈請慈愛的光明天使（Loving Angels of the Light）。觀察小孩的反應，看他／她是否過來坐在你腿上或給你擁抱。

● 第六步：與小孩分離

再度向小孩保證他擁有平安與愛。準備抽身，留他在天使環繞的安全花園。

● 第七步：以成人狀態返回當下

說出你的姓名、年月日及所在地，確保你以成人狀態切實回到此刻，感覺清澈敏銳，充滿生機。

花點時間經歷這一切，每個步驟必須確實，不可跳過。與內在小孩相會，分離，以成人狀態回返當下，整個設計旨在創造深刻的療癒。

記住：每次造訪後，務必與那小孩告別，否則受傷能量將揮之不去。

其後四十天，你會看到小孩的改變，變得愈來愈快樂。如果中間停了一天，就必須整個重來，持續四十天。那會加深你的心意，灌輸豐沛能量進來。

多年來我重複做此練習。第一個四十天後，你可以針對特定目的進行比較短期的歷程。例如在我了解自己十二歲曾留下某些傷痛，我就花了十三天，前往神奇花園造訪十二歲的自己。

另一次是在我離婚五年左右，我到神奇花園與之前在婚姻狀態的自己跟離婚帶來的衝擊相遇、療癒、分離；當時，那衝擊之深，簡直像是有人拿刀刺我心臟又拿槍射我。桃樂絲為我做諮商時，有力地告訴我，那子彈仍在，刀傷也必須縫好。於是日復一日，我做此練習時不斷想像這畫面。身為醫師，我發現自己很知道怎麼治療那顆淌血的心。到了第四十天，「病患」（之前的我自己）已能跳躍擁抱歡喜；但那期間許多時候，她能做的只是深深入睡，宛若昏迷！

我把這技巧介紹給一位節目聽眾，她結婚四十年，漸漸意識自己的婚姻缺乏支持，但她來電別有目的：過去一個月餘，她左下半身飽受坐骨神經痛之苦，她該怎麼辦？這位女士告訴我，她在農場長大，是家中五個男生堆裡唯一的女孩。七歲時，一個哥哥——只大她一歲——抓著她左腿，讓另一名哥哥強暴她。此外，她唯一的「朋友」，她心愛的狗，也在那年某天忽然不見，找到時發現，狗兒的腿被除草機碾斷，唯一的朋友也沒了。我帶她一起進行神奇花園練習，讓她回去呵護內心那七歲小女孩。當我問她能否試著讓小女孩坐在她懷中，她痛哭失聲：「我不曉得有沒有辦法贏得她的信賴。」

這種情況屢見不鮮。孩提時受到重創，會讓我們某部分再難付出信賴，但那不在自己意識之內。這無意識深具威力，會扭曲我們人生，除非我們鄭重面對，賦予它應得的尊重與愛。別擔心，給他時間——通常連續四十天——這孩子內心將開始信任你，每趟神奇花園之行也將愈來愈激勵人心，充滿療癒。

回到上例，來電那位女士會每天回到那個花園——每天持續努力，讓她七歲的自己願意走近，接受她的關愛；每天她也會離開，返回現在。經過四十天持續不懈的關懷，成人的她將能贏得七歲自己的信任，相信自己擁有了安全與愛護。此際，成人的她已有掌控人生的技巧方法，孩提的她終於能放下一切敞開胸懷。這位女士外在生活將顯示出這種轉變。

療癒舊傷口

尊重陰影之外，你更要直視過去傷口且加以治療，因為實際上，暗影根源就是這些傷口。

共感人的我們，很早就明白無法展現真實的自己，一輩子以來——因為還不自知共感人本性——成了他人情緒的避震器。我們承擔根本與己無關的責任，竭心盡力為人打氣，看他們開心自己才鬆口氣。我們把自己扭成麻花融入環境，以避免承受馬丁尼茲談論的三種原型傷痕：羞辱、拋棄、背叛。為了被愛與安全，我們拒絕面對真實的自己，於是焦慮、刺心的敏感甚至沉溺藥物等惡習油然而生。

好在有個很棒的工具，幫我們找出什麼需要療癒。外在會挑起我們情緒的人與事，像是引發困惑及罪惡感，向我們點出內在需做哪些修正，才不會這麼容易被內心傷口撥動。舉個例子，我開診所的友人愛麗絲打電話給我說，她懷疑有個員工是能量吸血鬼。那女的很氣愛麗絲不讓她擔任診所工作坊導師，儘管實際上她才來上班不久，老闆又是愛麗絲。她控訴愛麗絲有「控制慾」。以前的話，愛麗絲會把這種批評擺在心上，懷疑起自己跟自己的能力：「哎！老天，真是這樣嗎？我真有控制慾嗎？」

不同的是，這情況——員工盛氣凌人，無禮犯上——愛麗絲碰多了，現在她知道自己沒什麼好羞愧或擔心的。實際上，身為共感人，她看清以往自己總在替那些真正該羞愧的員工感到羞愧。說真的，哪種人會新到任就自以為是地挑三揀四，自認比老闆行？哪種人打從開始就在侵蝕企業基底？吸血鬼，就是他們。所有頭腦清楚的精神科醫師、護理師都會告訴你，病房裡若有邊緣性人格障礙者，馬上可以看出（其中許多非常聰明，極度高功能），因為醫療人員會起內鬨。這類吸血鬼就是如此汲取能量。愛麗絲身為有經驗的治療師，也親身閱歷太多這一類型，包括她的病人，以及被她引來的屬下。隨著自尊提高，也更清楚吸血鬼的伎倆，她看透自己曾怎麼受到操控，低下的自我意識如何相信對方。再也不會了。如今她的答覆是：「對，這是我的診所、我的課程，你可以賭我就是要控制客戶眼中看到的品質。」遊戲結束。

留意自己開始缺乏自信的時刻與場合。自我懷疑始於何時？什麼樣的批判會如影隨形，毀了你一整天——怎麼做怎麼想都走不出來？哪種人最常造成這種狀況？哪些部分需要療癒，只要留心日常，便可找出充分資訊。舉例而言，有好多年，我在偏主流的同事前一直隱藏自己對健康、幸福、靈性的真實信念——就是為了融入。甚至有幾次，人家幫我跟一些我很尊敬但不認識的男子約會。聽他們說見面前會先看過我的網站，我就開始緊張——想說等他們明白真正的我，鐵定會取消約會。但那不僅從沒發生，這些人還因此對我印象深刻，十分支持。嚇死我了。問題全出在我自己。如今差不多都克服了，但花了相當時間。跟大多共感人一樣，我擅長遮掩真實的自己，自律勤奮，精通本業，不斷求取進步，隨時能端出佐證資料。如今我幾乎不會吸引曾在我生命如過江之鯽的吸血鬼；誰想無償從我這兒汲取什麼，我馬上意識自己浮起的怒意。

每個人都要學著撫觸那過往沒被療癒——且往往不自覺——的傷痕，包括被拋棄、背叛、不愛自己、罪惡及羞恥感。就是這些傷痕把吸血鬼引來——宛如鮮血引來鯊魚；不僅如此，他們也垂涎我們的超級特質：我們永無休止的好心腸與慷慨大方。

學會正視傷痕，再來就要加以治療，如同愛麗絲那樣。馬丁尼茲醫師說，每道傷痕——拋棄、背叛、羞辱——都有對應的療癒磁場，可藉以改善我們所受的折磨；那是站在傷痕反面的能量，也正是我們共感人最豐沛的人格特質。我們只需從自性發現它們，而非無望期待他人改變。當我們能感受傷痕，具體名之，再以療癒磁場相應，療癒隨即啟動。

先從拋棄談起。與此對應的療癒磁場是承諾。有多少次，你苦苦堅守某個困難處境——而所有人可能都走了？如果你身為療癒者或父母，曾在孩子或寵物病床邊守過多少無眠的夜？播散慈念，力挺善行，你從不棄守崗位。熱烈讚美這樣的自己吧。每當被拋棄的痛苦浮現，好好想想你實踐過的承諾。有你對自己變革的許諾，什麼都無須擔憂了。

再來，相對於背叛的療癒磁場是忠誠。有多少次，你力挺可能遭吸血鬼殘害的朋友？義不容辭地奔赴有求於你的家人？好好感受你這品質的分量。當你感覺受到背叛，讚美這份忠誠，記著它。也永遠別背叛你自己。

最後來談羞辱。羞恥的感覺一上來——或真或假的缺點讓你不斷自責——你只想加以隱藏，不希望被人發現。你一直力求完美，就怕人發現你不完美。所有痛苦，莫此為甚。

榮譽是羞辱的療癒磁場。一感到羞恥，馬上去想你的光榮事蹟。這種回憶能轉移羞辱的負面能量，如果當下採取行動做出好事就更具力量，即便小事，比方在機場協助一位新手媽媽，送餐給剛出院的朋友。行動當下，感受其中榮耀，之後告訴某個值得信賴的好友，獲得稱許，再把榮耀深植於心。你真是個好人。記得這些，告訴朋友，或起碼回想一下，都能化解羞辱。

羞辱的另一種療癒磁場是坦然幽默，那是羞辱站不住腳的地方。想趕走恥辱，就得說出來——不僅說光榮之事來移轉，也要直講恥辱本身。找個好朋友，或治療師，或日記本。只要能讓你坦然亮出恥辱，都是好的起步。然後你要翻轉它。厲害的喜劇幾乎都是這麼來的。

什麼叫做翻轉羞辱？我的意思是：直視它，擁抱它。舉例來說，離婚後，我深以自己婚姻失敗為恥，不斷自責，覺得自己也破壞了女兒們的人生。我還從動物庇護所抱了兩隻貓回來。幾乎一夕之間，我成了俗話講的養貓的獨身中年婦女。隨著我道出心中的痛苦羞恥，我開始尊重擁抱自己，愛護自己。過程中我體會到，那其實是這麼多人共有的感受，也發現社會企圖將我們不公平地歸類。沒錯，我獨身，中年，也養貓，但我遠遠不止於此。把這些羞恥說出之後，我整個換然一新，開始宣稱——在每個演說台上，驕傲而開心——我是個「養貓的獨身中年婦女」！

共感人最大問題之一，就是太常把別人帶來的羞辱、拋棄與背叛內化。我們不斷自責，再三背叛跟放棄自己，直到看出此模式，記起自己原是怎樣一個正直、忠誠、守然諾的人。我們要學會化解這些傷痕，看清它們的真面目。

再給自己一次機會，永遠不嫌遲。是做出承諾的時候了，承諾你會守護自己，守護夢想，守護你靈魂的使命。就從此刻起。

療癒先人傷痕

第二章談過，祖先歷經過的創傷可能銘刻在你的DNA，影響你的健康與行為，記得嗎？好，這也是需要療癒的傷痕，方法則是完全潛入祖先曾經歷的創痛。已故靈性導師史蒂芬・李文（Stephen Levine）稱之為「結束傷痛之痛」。

從族譜出發。你先畫出家族表，循線放上父母、手足、（外）祖父母、叔伯姑嬸、舅舅阿姨、堂（表）兄弟姊妹、（外）曾祖父母。盡可能去了解每一個人的生命故事。哪個人有精神疾病或住進精神病院？家族中藏有什麼祕密？有過死產嗎？出過被判刑的重犯？酒鬼？重度上癮？非婚生子女，被當作媽媽的手足養大的（這在過去很常見——以保護女子免於不倫懷孕之恥）？有人死於分娩？遭受嚴重意外？死在滅種屠殺？你懂我意思。記住，家族創傷會經由DNA傳承給我們，我們共感人又對這類未解傷痕格外敏銳。別再盲目傳給後代；正面處理，助益極大。

我有名病患，姑且稱她為莎曼珊，藉此練習找出她所受的那些性虐待的源頭。她爸爸是戀童癖，媽媽警告她絕不要接近一些「像你爸那樣」的朋友。顯然莎曼珊整個童年，媽媽都在保護先生——過濾朋友，變成莎曼珊自己的「責任」。最後爸爸仍坐了牢，因騷擾附近女童遭定罪。其實他還騷擾了莎曼珊的妹妹。很遺憾，媽媽把他保了出來，繼續維護他。

莎曼珊知道自己家族相繼出過性掠食者——實際上她爸媽兩邊都有——她嫁給一位有名望的醫生，相信如此能保護自己的孩子。夫妻生下兩個女兒，而儘管她費盡心思遠離掠食者魔掌，她先生一位狡猾的同事仍性侵了一個女兒，另一個女兒則在十六歲時受迫於刀下被強暴。

莎曼珊第一次找我，是在她五十二歲心臟病輕微發作之後，這時她才知道遺傳性創傷的威力，也決定要同時挽救自己的身體與人生。她熱切製作族譜，好清楚探索家族史。當圖表攤在眼前，一切再清楚不過。而當她明白此時自己唯一能做的是去感受——宣洩她應有的憤怒與深沉哀傷、幻滅及恐慌、憐憫和悲痛——她得到無比的平靜跟解脫。她必須深刻感受，寬恕，然後放下。莎曼珊是虔誠的基督徒，十分敬拜聖母，這是她能走過這關的重要倚靠。信不信由你，此刻的她非常快樂充實，而她澄澈平和的心，也大大鼓舞了兩個女兒。原諒自己未能保護妹妹跟女兒，是最重要的療癒因子。處理創痛的過程中，她了解到當初孩子還小時，自己缺乏資源、娘家支持、防範性侵的知識。闡述性創傷及掠奪行為如何流傳於家族世代，這個例子或許驚悚了點，卻直指要害。

重點在於：能夠說出一件事，幾乎就能改變它。從能量與總體層面說，莎曼珊的療癒努力，成功阻斷了這個模式，兩個女兒都不生小孩，這項遺傳不會延續下去。這種終結模式的方式相當嚴峻——沒人會希望落得如此。

好在，有個方法容易多了：接受你的血統，無論好壞美醜。我記得，當我知道我父母兩邊家族都有所謂酒鬼——恐怕還有自戀型人格異常——我心知自己大概也具備酒鬼曾孫代成人後的許多特質，像是追求完美、取悅他人、小心翼翼看人臉色——跟共感人很像。我下了許多功夫修正。我也曾努力調整自己太過配合、太過友善的慣性，我父親也有這些毛病，他擅打圓場，涵養極好，樂觀幽默——幾乎一直如此。在看清自己有這些模式後，針對其中太占據我的時間、影響我健康的部分，我成功革除；我很懂得拒絕了，知道把時間留給自己。家人也頗受我這有意識的改變之福；我不僅能幫兄弟姊妹，也能幫甥姪輩跳脫家族傳下的黑暗面。

療癒過往，先得了解黑暗面的運作。第一步，讓光照在其上；再來是原諒自己，無條件包容——必要時，改變行為——這是斬斷負面遺傳的下一步。

對一切負面遺傳保持高度警覺，別在無意中重蹈覆轍——這就是榮格所說，未被檢視之潛意識模式，以命運之姿發生在我們身上。我盡一切所能做出改變，為的不僅是自己的健康，更求不再讓這些模式延續到子孫身上。

擊退黑暗的光

當我們了解自我沒什麼不對，懂得與自身痛苦安住，真心關懷內在那受傷小孩，並知道如何療癒——我們便不再外求他人的認可。我們不再藉著取悅人來獲得安全與歸屬，我們變得無可抵擋，並非我們不再敏感——這永遠不會離開我們——而是我們終於「懂得」能量的運作。我們記住了真實的自己——是人間天堂的燈塔；若一直任人牽絆，則無以充分發揮這個角色。這是一點，而另外還有一點。

我們共感人具有的光，確實能擊退黑暗，而黑暗消失前往往要扯住我們，或讓我們失望，或讓我們質疑自己，不敢作為。回頭談談我在拉瓜地亞機場碰到的安檢員，從那位小姐跟她同事身上感受不到一絲明亮熱情與愛；作為共感人，我非常具體地感到他們沒有光。他們與我之間的能量差距極大。我留意到此，便趕緊把注意力轉到其他比較有生氣的事物，也明白自己的存在對該空間能量是種療癒。

就這麼做。有人跟自己的幸福快樂整個脫節，那跟你絕對沒有關係，一絲一毫都沒有。不是你造成的，你無須負責，你唯一要負責的事情是你自己的能量磁場。而當你學會把注意力放在那兒——而且只有那兒——你就自由了。很簡單的道理，卻不容易做到。

第九章
學習合理的生氣

療癒情緒我們已談了夠多，現在來關心身體本身。不管你目前是否與吸血鬼在一起，你得知道其實有很多事你可以做，讓自己比較健康，也比較「能對抗吸血鬼」；雖說你最終是希望自己的能量不再漏到他人身上。

下一章我們會談各種練習，在那之前，我則想提醒你：健康絕非只是正確飲食與經常運動的加總。多年來我治療過許多病人，飲食幾乎無可挑剔——只吃全形、有機食品——卻仍成為病號，而那虔誠奉行運動健身的，同樣不敵病魔。相反地，我們知道有些老人，菸照抽酒照喝，活到九十多歲仍身體硬朗，還從不在乎什麼飲食運動。這些現象背後的主因是什麼呢？就是如何運用生命能量，如何實踐馬丁尼茲醫師所說的「健康之所依」：

一、**高昂的精神**：保持正面樂觀的思維，凡事往好處想。

二、**活潑的情緒**：經常感覺歡喜；從事讓你開心、振奮、喜悅、敬畏、熱情、奉獻、享受的活動。

三、**合理的生氣**：看見有人不顧人性與他人的無辜，恣意造成傷害，能對此表達義憤，據以行動。

我想再加上一點：

四、**別壓抑情緒**——無論好壞——以致形成疾病。這跟合理的生氣有點類似，但我認為這可推及所有情緒。

高昂的精神

保持正面思維，這觀念簡單明瞭。你大概聽過這樣的說法「選擇讓你振奮的想法」；簡單的很，不是嗎？的確，但不見得容易。來解說一下如何運作。假設你申請一份夢寐以求的工作，接著便陷入怕得不到的焦慮，整顆心繞著這類念頭轉：「條件更好的人那麼多」，或「我那封求職信寫得不夠好，沒機會了」。要選擇讓你振奮的想法——難的地方就在這——你就得在自己陷入負面時逮住自己，阻止自己繼續；抓住了負面情緒，你就能有意識地代之以較高層次的思維頻率，像是「好，總有人會拿到這工作，為何不會是我？」或「如果沒得到這份工作，就表示有更好的機會在等我。」明白了吧。沒錯——這需要練習，因為像我之前講的，我們的思緒有九成來自潛意識與孩提時代或前世印記，當中絕大部分都屬負面。

有個技巧或許能幫你轉換思維。坐下來，想一件你渴望的事情，寫下你認為自己無法獲得的一切原因。如果想得到感情，你可能發現自己想著：我太醜了，或我太懶了，或我無法想像有人會迷戀我。熟悉這些念頭來襲的模式，這是此刻唯一要做的事情，聆聽內在獨白，記下來，理解它。你愈清醒地關注它，就愈能第一時間抓住它，也就有能力阻止它往下擴大。即便你不相信這念頭的反面，辯論一下無妨。你可以做個現實檢驗；你真的醜到難以擁有感情？不，你沒有到那程度，瞧瞧四周吧。針對負面念頭，你也可以做個即時轉換：慶賀自己有辦法逮到它。這招我是跟靈性導師康恩學來的，那跟我們在第六章處理罪惡感的方法類似——效果也同樣驚人。且說你逮到自己想著自己太醜或太老所以沒機會談感情，不用跟自己爭辯或做現實檢驗，只要說：「哇！恭喜呀！從沒有人這麼想過呢！你還真不賴！」沒有自我苛責，你只是選擇了即時給自己打氣。

當聽眾朋友在我的賀氏書屋（Hay House）廣播節目分享種種憂慮：健康、人生、情感、子女等等，我常祭出這個技巧，總能立即化負面為昂揚的士氣與幽默。逮住在負面情緒盤旋的自己，為自己的漂亮成果慶賀一番。跟符咒一樣奏效。

這些方法的重點是，不能因負面念頭浮現自責。正視它，接受它；如果完全漠視，就是刻意抗拒——假裝它們不存在。我們愈是抗拒的，愈是流連不去。每個念頭背後都有成因，負面思維來自陰暗過去，那讓我們曾被嚴厲批判，於是我們決心隱藏的部分，所以我們常不自覺有那些負面思緒。你愈責怪自己有這些念頭，它們愈深植你心。

每個念頭都有相對應的頻率。充滿美好、熱情、幽默、感動的想法跟詞語，對身體帶來的正面影響要比最壞的打算大多了，後者像是：「家人都有癌症，遲早要輪到我」，或「好男人一個不剩，我這輩子只有單身了。」

以上談的是第一部分，而要讓精神昂揚，你也可以把觸角伸向好的事情。仔細過濾文學電影等視聽媒介。如同思想，我們接觸的一切聲響影像都有其頻率。

言語圖像對身體的具體影響，曾有實驗證明。一九八八年，《心理與健康》（*Psychology & Health*）刊載一文，詳述哈佛大學大衛・麥克里蘭（David C. McClelland）與芝加哥羅耀拉大學（Loyola University）凱若・克胥妮特（Carol Kirshmit）的相關研究。受試的醫學院學生觀看兩部不同電影，之後驗其唾液中免疫球蛋白A（IgA）含量。人體內免疫球蛋白A與免疫系統強度成正比：含量愈高，免疫系統愈強，反之亦然。透過這項實驗麥克里蘭想知道，光是觀賞聆聽特定主題，是否足以影響人體免疫。電影之一是講戰爭，另一部則演出德蕾莎修女在加爾各答的事蹟。

觀看戰爭造成的毀壞之後，學生們的免疫系統直墜。看完德蕾莎修女，抗體升高——沒有宗教信仰的學生亦然。人體確實對肯定人生、發揚健康人際連結——使生存產生意義——之事有正面回應。

練習透過令人振奮或開心的影片來提高士氣，書本也選擇讓你感動鼓舞、開懷著迷的主題。多涉獵各項報導，深入主流新聞內幕。記住，黑暗靠你的恐懼憤怒茁壯，別再滋養它。這並非要你逃避事實，而是請你慎選流入身心靈的一切。

你成為一股善美力量——而非藉貪心、恐懼、無力感運作的機器的小齒輪。

創造歡樂時光

心理學家蓋・亨德里克斯（Gay Hendricks）在他那本《大跳躍》（*The Big Leap*）中指出，我們都學會自己所應感受的快樂「上限」。家庭及文化這麼告訴我們：那些喜悅歡樂，我們只可以體驗這麼多。所以你會聽到有人警告說：「喂你樂過頭了喔！」——在你開心大笑時；或是「你別讚美自己到歪脖子了」，或「別自吹自擂了吧」。這些話都點出一件我們——尤其高度敏感的人——很早就學到的事：歡樂要適可而止，人家才喜歡跟我們相處。畢竟，有人生氣難過時，我們本能曉得自己的開心會刺激他們，讓他們不快。長久下來，我們便打從心裡相信真有「高興過頭」這種事，然後很不幸地，當我們需要放鬆、打開「掃興」

的額葉抑制迴路，就只能透過文化允許的酒精藥物了。

事實是，享樂是我們與生俱來極為豐沛的能力。懷疑嗎？看看兩歲小孩吧。之前，我跟當時二十個月大的孫女散步，走著走著碰到一座木頭小橋，高出路面一點點，我孫女興高采烈地從橋上跳下，來回反覆，每次先大嚷「預備……跳」再奮力一躍。看她那開心模樣，就夠讓人歡喜不盡。我在農場長大，還記得我小時候好喜歡在農場池塘裡翻筋斗，總愛花上我所謂永恆的光陰，泡在水中，享受陽光與水，享受我的運動能力。時光荏苒，我卻失去那在無盡時光忘我享受當下的能力。好在我已學會如何回返，你也可以。說到底，那是我們的原鄉啊。

我們都有更開心的能力，但首先，你必須有注意到你正感到開心。所以從這點做起，開始注意哪些事能帶來快樂。留意花兒之美。精緻的窗櫺讓你興起什麼感覺？音樂呢？對我而言，沒有比聆聽——或演奏——一首動人樂曲更快直抵心靈的了。我們總是延緩感受歡欣，總說「等會兒」，等比較有空時，其實你必須找空，因為興奮根本不花時間。你只需活在當下，感受身邊的美好喜悅。

建議你把創造歡快時光列為日常。從線上音樂串流網站下載感動你心弦的音樂，睡前聽個幾首。我很喜歡聽卡羅在YouTube傳譯的克里昂（Kryon），也常聽康恩的YouTube演說，此外我還是TED Talks超級粉絲，這節目永遠都那麼激勵人心。

另一個鍛鍊高昂情緒的有效辦法是，建立一份自我肯定清單，每天起床或睡前大聲朗誦。別只是照本宣科，要全身投入，成為自己生命的奧斯卡得獎人，以讚頌事實般的真誠述說。僅僅如此，便能帶來更高層次的振動。位於加州卡爾佛城（Culver City）的愛德國際心靈中心（Agape International Spiritual Center）的麥可・貝克維斯（Michael Beckwith）說：「自我肯定不是讓某事發生，而是擁抱某事的來臨。」舉例來說：「我是個熱力四射、充滿能量的人，歡喜面對人生，強烈吸引一切美善。」當你這樣講，而某件美好的事發生在你身上時，你自會有所察覺。我建議你把這好運道或美好感受寫下來，並勇敢地與某個不吝為你鼓舞的人分享。記住，自覺值得擁有美好，是打造自尊的一環。隨著時間過去，這將為你帶來一批截然不同的夥伴，在他們面前你能自在分享所有美好，獲得肯定鼓舞——而非貶低。你整個人生因此轉化，不再需要為了討好他人而黯淡自己。記住那句話：「當我們黯淡自己好讓他人自在，整個世界更暗了。」反其道而行，用力發光吧！

還有一招。亨德里克斯建議以他所謂「終極成功真言」當起點。每天早晨起床前，如此唸道：「每天當我鼓舞旁人擁有更多充實、成功與愛時，我自己也不斷擴充。」此真言在潛意識發揮作用，完全臣服於擴充概念。內容可自行調整——看你想要擴充什麼——也許是健康、強健、美麗，隨你方便。最終那覆蓋你高昂情緒的天花板將提高再提高，你會感受更多。但有一點提醒：我們感受歡愉的能耐，跟我們願意經歷痛苦的程度成正比。有此必有彼。後面我會再加著墨。

正當義憤

記得我們在第四章談到的僧侶？他們以悲憫取代發怒，結果導致糖尿病。共感人也容易這樣，不離不棄，總試著奉行這類精神實踐：慈悲為懷，同理愉悅（慶賀他人的成功）、惻隱悲憫（想終止眾生受苦）、沉著冷靜（身心和諧）。這當然合情合理，甚至值得讚美，問題是：我們的免疫系統自有其道德判斷。當我們或所愛無辜遭受威脅，免疫系統不許我們漠視義憤；怒火——與行動——是這種情況下的合理反應，若不據此憤怒行動，你會變得枯槁、疲憊、緊張，壓力荷爾蒙也隨之升高。

且來看個例子。你目睹自己小孩即將被某個成人傷害，你自然對那人感到憤怒，想讓孩子脫困，你不會說：「我們全都屬於一體。」或「願眾生不再受苦。」或為那名施暴者找藉口：「他童年悲慘，我能理解他為何宣洩在我孩子身上。」

你不會的，這樣做是有罪的，你會做的是盡你所能保護孩子，你身體也將隨之回應：讓你渾身充滿激發能量的壓力荷爾蒙，助你應付局勢。局勢過後，那些荷爾蒙水準就恢復穩定。

想維持健康與平靜，你必須正視自己竟容許自己被糟蹋而升起的義憤。就吸血鬼關係而言，那意謂你必須抽身，或將與對方相處時間減到最低。你必須理解：真心、無條件的愛，不代表應忍受任何凌虐。婚姻及關係治療師派特・艾倫（Pat Allen）博士在她那本《男人的世界，女人的宇宙》（*It's a Man's World and a Woman's Universe*）裡，講的就是這個：「整體來說，假如伴侶不到百分之五十一值得，你不可能與之相處而不生病。留在有毒的關係中，或許能彰顯無條件的愛，卻也凸顯出你愛對方勝過愛自己。那是精神疾患的徵兆。」

當然，如果你的原生家庭或文化鼓勵自我犧牲及過度付出，你從來也只能由此受到重視，那就不是精神疾患，而是應付病態情境的一種策略。幸虧一認識此點，你就有辦法借助自己內在力量來扭轉乾坤。

身為共感人與治療者，很難相信有所謂正當的怒火，但你必須了解那不僅正當，對你長期健康幸福更舉足輕重。讓我給你一則我自己的例子吧。

今年暑假我有機會回老家探親。各位很清楚，沒什麼比原生家庭更能把人惹毛。每次回家，我對自己又多一層認識，也再深入一層療癒。我費很大功夫記取所有教訓，很幸運地跟所有家人處得很好，我最大挑戰來自身為家裡那隻黑羊，自己就是無法融入大家熱愛的活動。他們都很棒，我真心愛惜，因此我自覺有問題——例如：我是怎麼回事，為什麼就不能享受一天從事四種運動項目？我沒有運動健將的體魄意志，那卻是我家人最驕傲最重視的——尤其我媽，她至今仍意氣風發。我知道這次返鄉是澄清真相與進一步療癒的絕佳機會，畢竟走到今天，我也相當程度地證明自己的價值——沒人會數落我，除了我自己！

這個夏天我帶著好友麥修同行，麥修作為我的皮拉提斯導師及直覺運動（intuitive movement）治療師已有十五年，非常清楚我哪些情緒模式影響身體，這些年來我做了許多修正，如今身體比二十年前還好。基於這個背景，加上她本身也是一名老靈魂，她成了見證我與家人互動、認可我的情緒回應——尤其負面情緒——的最佳人選。

可想而知，讓我表達真正義憤的機會隨即來臨。我的兄弟與太太們、我姪女跟她老公、我媽，全計畫在一個週六共進晚餐，然後一同欣賞《為了與你相遇》（*A Dog's Purpose*）。大家都有養狗，這是部可愛的電影。週五當晚——在當地餐館歡聚——大夥兒講定第二晚的安排：我媽會準備雞肉大餐，小嬸爆玉米花，我負責沙拉。六點開飯，接著看電影。這一定很棒。

翌日傍晚，差不多快要六點，我弟弟提到有位歌手在當地某酒館演唱，他說他可能會去，然後幫我洗沙拉。六點了，晚餐上桌——我弟跟他老婆（說要爆玉米花的那位）不見人影。兩人就這麼憑空消失，沒留隻字片語。

後來我小嬸傳給我一段那歌手的影片，我回：「很不賴。但我們不是約好共進晚餐再看電影？」接著我傳訊給我弟，「你們要回來嗎？」他回：「我得在我想做的兩件事當中做個抉擇，我選擇留在這兒欣賞這位歌手。」我火大無比。重點來了，我知道自己怒氣沖天，也知道這怒火合情合理。我有證人看到前晚我們全盤計畫始末，我沒有瘋狂，心如明鏡，而怒火沖天。我允許自己感覺體內每個細胞充斥的怒氣，我知道這是維護自己健康的重要環節，我知道這是白熱化的正當憤怒。

我再回給我那消失的弟弟：「你想怎樣儘管去，但我很氣你沒先跟我說一聲……或跟任何人講。」

大家坐下用餐，獨缺消失的老弟與小嬸。坐在那兒，我深知自己不會讓此事無疾而終。晚餐過後，老弟又有簡訊進來：「你說得對，我是該先講一聲的。」

我的怒火立刻消散。他道了歉，我覺得很滿足。我了解是他太太想去聽那歌手演唱而閃過聚餐，他夾在老婆願望與我們其他人當中左右為難。司空見慣，小事一樁，沒事，交代一聲就好了嘛。第二天他給我一個擁抱，說：「謝謝你的體諒。」以往我會直接跳到體諒，扼殺那股義憤，搞亂自己的荷爾蒙。這回我學乖了。

表達情緒

你大概也知道，情緒——像是義憤——並非只是需要解決的問題；它們也是身上發出的訊號，點出你的需求。這些情緒若沒被關注——包括其表達及其引發的行動——就會改變你的人生。

表達正面情緒會驅使你邁向正確方向，為你的人生帶來美好與支持。想想看，如果你覺得滿懷感激且對此覺察，你知道正與某個為你帶來美好的人產生互動，於是你尋求更多。如果你將那份感恩表達出來——尤其是向他人表達的話——你將召喚出更多類似情境，激發你更多的感恩之情。

留心及表達正面情緒，共感人大多沒有問題；面對負面情緒，問題來了。想擁有健康人生，這問題必須解決。隱而不宣、加以漠視的情緒，往往轉為疾病困擾身體。

我還記得自己青少年時期，下樓時若不是一臉歡笑，就會被爸爸叫住，回頭重新下樓，臉上帶笑，腳蹬彈簧。教孩子把情緒朝正面調整，這本身沒什麼錯，問題是我完全不許流露負面情緒，那讓我以為但凡快樂昂揚以外的情緒都有問題，於是我藏起真正感受，忽略那些感受要我體察的各種需求。我以為，憤怒、悲傷、難過顯示我的不足，必須不計代價壓抑。想當然耳，它們進入我的身體，我遂出現偏頭痛、足底筋膜炎、散光。

要到數年後我才理解，每種情緒都指出一項未被滿足的重要需求（至少對共感人是如此——吸血鬼就不盡然）。我以前不明白，情緒是老天賜給我的指引，幫我辨識那些需求，加以滿足。

負面情緒升起時，你必須確保不去壓抑。失去孩子、走過撕心裂肺的離婚、至親好友離世，你就是得臣服於動作、聲音、眼淚具有的療效——那是身體療癒深沉悲痛的方式。治療傷痛，邁向歡愉別無他法，只有澈底感受其痛，步步穿梭其間。最終你得哭喊——流淚——臣服於至高力量。若不如此，這些能量將卡在體內，形成各種疾病。

而且這不僅限於當前情緒，過去曾傷害你的事情也得處理。相信我，這些痛苦並不會因為正向思考、自我肯定、願景板（vision boards）而化解。這樣想像你的身體：一面你打算重新裝潢、貼滿舊壁紙的牆，如果直接把新壁紙貼上去，結果一定不佳，你得先把舊的撕除，整好牆面，才適合貼上全新壁紙。我們從孩提時代及前世帶來的傷痛失落，也需比照辦理。

孩提時、或由家族基因傳下，沒被處理的悲痛創傷，會在底層繼續運作——導致你邁向健康歡愉人生的相反面。若沒有真正找出傷痛根源，切實去感受、釋放那些傷痛，什麼正向思考或改變信念都只是徒勞無功。但是，打造一座悲傷殿堂，期待大家前來瞻仰，也極不健康。比方說，你不能把逝去孩子的臥房弄成紀念堂，那只會把痛苦神聖化，讓自己變成吸血鬼。

所以，表達情緒——聽來夠簡單的了，不是嗎？

也對，也不對。對，那是我們天生一部分；不對，我們大多內建一種壓抑情緒的需求。說到這題目，再次強調，就是要在情緒升起時認出來，給予鼓勵。

我永遠不會忘記我在九〇年代初，參加安・威爾森・西芙（Anne Wilson Schaef）的「活在其中」（Living in Process）工作坊。形式很簡單，我們只要「跟自己坐在一起」，誰有話要說就說，說出來的東西往往會引起共鳴。產生共鳴或情緒的人，就躺到遍布室內的某張床墊專注感受，完全而徹底地感受——必要時發出聲音，做出自己感覺療癒的動作；同時間會有一人坐在身旁，卻不會伸手碰觸，只在需要時，遞出一張紙巾。

這時的氛圍宛如我工作的醫院產房，我們就像產婦，協助人們生出有意識的自我，把痛苦留諸身後。然後輪到我了。七天下來，我看著躺在墊子上哭泣的眾人，心想這些我都經歷過了，這些可憐的人哪。我是跟同事一起來參加這個工作坊，想處理我們認為在彼此之間的「共同倚賴成癮」——之後我不再用這麼個模糊名詞形容自己，但那正是當時我們面臨的情況，而我們了解西芙是這方面的專家。我們想借助她的正式介入。我簡直迫不及待。

介入時刻來臨，西芙與我們四人圍坐中央，其他五十名夥伴環繞我們而坐。第一階段是表達出你的愛與在乎，於是我告訴同事，當她在我第二胎臨盆時來到醫院幫我停車，讓我跟我先生能一起進入醫院，那對我的意義何等重大。眼淚霎時從我的眼中落下。有女同事為我做這樣的事，稀罕到我不知如何承受，這個回憶讓我激動莫名。西芙開口了：「你要不要躺下來，看接下來會怎樣？」我馬上收住淚水，恢復自持。我們是來進行介入，我怎能讓自己情緒擾亂這場聚會的目的？絕對不行。我硬是逼回眼淚——這我太擅長了，從小練到大的。西芙又說了：「你累壞了。」此話一出，我立刻淚水潰堤。我躺到墊上，哭了至少一個小時。

一種遠古的聲音從我體內發出，有如耶路撒冷哭牆那些婦女。目擊一切的自我——我們內在那個從時空之外靜觀一切的自我——也迷惘了。誰知道我能發出這種聲音？介入過程裡，我發現全身投入自己、無以停歇地在所有時刻哭泣，且進入更遙遠的過去，為我母親哭泣，也為她母親哭泣——我的外婆茹絲，四歲喪母從此孤苦零丁。一扇自我意識的門於某處開啟，我走進去——深入一處名為「所有女性之苦」的所在。我為所有的女性哭泣，那在分娩時死了孩子的、失去母親的，從來無法停歇的。這所在沒有盡頭，我的哭泣也沒有終點，很快這整個房間的所有人——男女皆然——都躺在地上哭了。終於停止的那一刻，我頓悟我此生是為了將這份苦——女性之苦——轉化為喜樂。我打從心底明白。並且知道我得從自身做起。

在那之後有多次我感到情緒洶湧，便起身進入臥房，關門躺下，聽任感受撲面而來。有時是憤怒，有時悲痛，有時是深沉的哀傷。重點在此：當你允許自己澈底出入情緒——伴隨著動作、聲音、眼淚——身體自會把創傷清出你的DNA。不用做更多。我們天生就會。每個嬰孩做的順理成章。有時你就是得哭掉一切。

頭一次允許自己這麼做時，你可能會擔憂，如果真讓自己走進痛苦深淵，也許就走不出來了。相信我——一定出得來。不過也因為這個緣故，如果能找個信得過的朋友在旁見證，會很有幫助。但請留意：見證人絕對不能給你擁抱，或嘗試「以言語帶你度過」，那會阻止你的進程。看人受苦，我們總想伸手相擁，往往是因為那觸動了我們自身的苦；出手相擁，是下意識不讓自己完整體驗那種痛。千萬別如此。

很多時候，某種深沉情緒升起，時機卻不適合整個投入，這時你不妨告訴自己：「放心，我會回頭找你。」然後盡快安排時間照料這個情緒，它會等在那兒的。

當我們讓自己感受最深的痛，也同時打開接觸自己最大愉悅之鎖。做完一次情緒宣洩，你會經常發現自己笑得歇斯底里，你的情緒瓶塞已經到頂了。

允許自己充分體驗長久來卡住的情緒，也讓你體重減輕，看來年輕許多。那的確能讓時間倒退，因為你已卸除過去的包袱。

就像伍迪．艾倫在他那部《曼哈頓》（*Manhattan*）裡說的：「我沒法表達怒氣。那是我的問題之一。於是我長了個瘤。」我盼望，藉著這本書，你無須藉著長瘤才能感受到自己的激動，哀傷與憤怒。

適合你的醫療

在談療癒方式前，我想先提醒你醫療相關的幾點。首先，也是最重要的，你很可能對標準治療極度敏感——即便阿斯匹靈。一般劑量對你會太強，如果按照瓶裝指示服用，恐怕會有反效果。我有位從事專業醫療感應的同事，前不久因神經受損方面的問題，由醫師開了十毫克的普賴松（prednisone，譯注：類固醇藥物，可增加體內抗體細胞）。一般來說，病患情況較嚴重，會開給更高劑量——達六十毫克以上——以迅速消炎止痛，之後幾天或幾週再逐步減少。但這位友人說，就這麼點劑量，服用兩天已讓她感覺焦慮、精神異常，另外的止痛藥同樣對她造成反效果，於是她停止服用。這類情事我聽過太多。

整體來說，基於量子能量的治療方式，要比化學及手術為基礎的治療適合高度敏感者。順勢療法、花精療法、針灸、按摩、草藥、祈禱、瑜伽、皮拉提斯、整脊、醫療感應，神聖之愛治療法（Divine Love healings）——我認為這些全屬真正醫療，因為它們直接接觸身體的磁場。

早在磁場問題演成身體疾病前，即可適時解決，你應如此維護健康。幾年前，我在著名醫療感應師凱洛琳．米斯（Caroline Myss）協助下，首次進行能量感應測定，過程中她說：「你的心跳在過去五年出現變化。你是個拯救狂；聽到沒？你一定要控制好自己。」心臟病確實「在我家族流傳」，所以我對這項情報相當認真，開始審視是什麼讓我在醫療執業與私人層面都那麼想救所有人。當時主流醫學有發現我心臟任何毛病嗎？沒有。我的心電圖、靜止心率、血壓、膽固醇全都好得很，如今依然。不好的是我的生命能量，我不斷把它向四周潑灑，卻沒有經常補充。幾年過去，我的心臟比任何時期都好，那是因為我認真處理了生命能量流失的問題。

對於意外、創傷、關節置換、危及性命之緊急狀況，傳統醫學效果極好，但在維護健康或慢性病治療方面就有差。當代醫學建立在一種類似戰爭的信仰體系，過時不說，亟需與時俱進。現在的醫生常以為「各種病症自有解藥」；癌症、感染病毒，就以雷射、切除、毒化腫瘤對付，病菌就以抗生素滅絕，但當前醫學對常見的慢性病卻束手無策，包括糖尿病、關節炎、癌症。研究文獻明確指出，醫療疏失是美國第三大死因，因此我建議，你應設法與社區中真正的治療師建立關係，定期會面以維護健康。

第十章
掙脫能量吸血鬼之後

現在你知道——從廣義層面而言——如何維護健康，接著我們就來看一些能有效治療吸血鬼關係後遺症的手段。

神聖之愛療癒法

我要談的第一個技巧，並非針對吸血鬼傷痛癒後，而是普及一切傷病，我相信任何人——尤其高度敏感者——都應有所認識。它叫神聖之愛治療法。如果你讀過我之前的著作，可能已有所知，但在此我必須再度把它放進來，因為它是這麼有力量的療癒技巧。若你早已聽過，請多包涵。

我自己首度學到神聖之愛，是多年前從羅伯特・弗里契（Bob Fritchie）而來，他是一位退休航空工程師。這個方法祈求造物主與神聖之愛的力量，影響周遭環境的變化。我知道這也許難以置信，但請先把自我擱置一旁。當代科學與醫學或許還無法解釋其效果，卻也請想想，腦葉切除曾是治療憂鬱症的答案，海洛因曾被醫師當作抑制咳嗽處方。有朝一日，科學及醫學或能追上神聖之愛療癒的力量。

開始前我要強調，神聖之愛與小我的愛（personal love）不同。小我之愛有可能致我們共感人於死地，我們就是會以自己為代價去愛人，神聖之愛卻不屬於某個人——也不會在某人便停滯不前。它屬於任何人，只要此人對下列兩個問題的答覆是肯定的：㈠你相信上帝或某種最高存在嗎？㈡你真心想要痊癒嗎？

好——那該怎麼運用神聖的愛？

你只需祈請——以請願書形式——神聖之愛在你身上運作。就像把自己接上更高的一種頻率，那頻率原本就在四周。

過程如下：

一、坐著，手腳不要交叉。軀體有如電池——手腳交叉會造成短路。

二、拿掉所有珠寶。

三、雙腳平放地上。

四、誦唸以下請願書，這個放諸四海皆準的內容是弗里契傳授的：「憑我的靈及慈愛光明天使之助，我凝神讓神聖之愛貫穿全身。祈請吾靈指出讓我偏離造物主的一切事件，依造物主意願，祈請神聖之愛帶走這一切。」

五、以鼻子吸氣（灌入你的意願），守息數四下，再由鼻孔呼氣彷彿清淨鼻子，將意願送至宇宙。

六、坐著，凝神專注於胸線，位置在胸骨深處。神聖之愛便是由此進入，貫穿你全身。

我自己做神聖之愛的冥想時，習慣設定兩分鐘的提醒。先唸請願，調節呼吸，用手機定好時間，我開始專注於這段時間感應到的圖像、思維、感受還有歌曲。湧出的訊息總讓我稱奇，往往是鮮明圖像伴隨著背景音樂。這方法總讓我獲得豐沛的直覺訊息，可以現得現用。當我跟同事戴安・葛洛維（Diane Grover）同做請願冥想，她常能幫我得到我自己無法獲得的訊息。例如有一次我們為彼此進行神聖之愛的冥想，做到一半，她「看見」我當時共事的一名男子——那人的外表舉止活脫脫就像《魔戒》（*Lord of the Rings*）裡的咕嚕（Gollum）（「寶貝啊！」）。後來我也夢到那人幾次，夢境與葛洛維所見略同，透露我該停止跟他合作的訊息。之後我發現，這人是個（好一個驚喜！）一等一的吸血鬼。

關於請願，你可以講如前所述那種普遍性的內容，也可以針對特定問題發出特殊請願。舉例來說，「憑我的靈，我凝神讓神聖之愛貫穿全身，我認識到自己的頭痛，依造物主意願，祈請神聖之愛能將它治好。」一次只談一種徵兆。

我常聚集親友，將神聖之愛的療癒送給某個需要者，也許是家中一份子或某個朋友。大家利用免費的電話會議號碼，每個人打進來，我唸出請願，設定時間。之後大家分享體驗，往往那接收療癒能量的主角會有深刻感受。舉個例子，兩年前我的母親開始覺得運動吃力，經常虛弱氣喘，這頗不尋常，她健行幾十年，向來非常健康。心臟檢查結果正常——很健康的心電圖。有一天，她打電話告訴我她心跳只有四十，我們搞不懂怎麼會這樣。她飛去亞利桑那州斯科茨代爾鎮（Scottsdale）的梅約診所（Mayo Clinic，譯註：世上最著名的醫療機構之一），我妹妹當時住在那兒。結果是我媽必須安裝心律調節器，但她這問題僅間歇出現，所以之前從沒被發現。主治醫生是一位很棒的女性，她召來全部住院醫師傾聽我媽心跳，告誡他們：「注意了——這是一顆健康強壯、不曾受過醫療處置的心臟會發出的聲響。」總之，心律調節器安裝手術排在下個週一，整個週末她得住在醫院，伴隨過低的危險心跳。於是我召集大夥開電話會議，舉行神聖之愛的療癒。那對所有人都產生莫大的療效。我「看到」我爸（他早已逝世多年）在我媽床上跳舞逗她開心，聽到〈輕搖吧，可愛的馬車〉（*Swing Low, Sweet Chariot*）那首歌。其他人熱淚盈眶地告訴母親他們體驗到的可喜事情。我媽沉浸在極大的平和裡，沒人知道接下來會如何，她簽署了「拒絕心肺復甦術」聲明。那個週一，她裝上心律調節器，如今已重拾健行等往常活動。能聚集眾人收發神聖之愛，是極為有效且動人的手法，我非常推薦。

弗里契透過其機構，美國註冊字號501(c)(3)之非營利組織「世界服務研究院」（World Service Institute），以特定儀式運用神聖之愛。目前他正以此協助藥物成癮者，當中對前述兩個問題答「是」的人，成功療癒比率達六成。關於神聖之愛治癒癌症等其他狀況的事例，他也都有文獻紀錄。

有意思的是，我們也發現，你能藉由神聖之愛，減低品質不良的飲食對你造成的健康危害。你可以用神聖之愛「治療」食物與水。飲食前，只需說：「我灌注神聖之愛於此食物，讓它有益我的健康。」吸氣，吐氣。就這樣。這能抵擋飲食所含的不良面向。它能讓飲食本身變得乾淨有機嗎？不，但它能將造物主的愛注入其中，讓它比較健康。

開始一日，準備踏入世界時，往前送出神聖之愛——後方亦然。這是最棒的保護。只需這麼做：起床時——或躺在床上——在心裡或開口大聲說：「現在我把神聖之愛送入眼前世界，送入周遭，也送到後方。當我今天踏入世界，神聖之愛護佑著我。」吸氣，數息，吐氣，想做幾次隨意。

療癒保健之道

離開吸血鬼關係後的療癒保健，主要就是減輕壓力，消除會導致第四章所談的健康問題的發炎狀況。這些方法對所有人都好，對從吸血鬼手中逃出的人來說，更是非常重要。

強調一點：在你能跟你的吸血鬼劃清界線之前，別太奢求自己。實踐這些方法也許能幫你在不良關係裡健康一點，卻無法抗衡因這段關係產生、可觀的壓力荷爾蒙。

我試著列出一些簡單練習，讓你能在日常中輕鬆執行——畢竟我們的目的是對抗壓力與相關發炎。建議你全部看過，挑幾個對你最容易、最能立即上手的。記住，成功造就成功，嬰兒步比速成班更能走向健康生活。

有意識地開闔一天

對一天懷抱著目的，會改變你與世界的交流，能有效減輕壓力。結合靜坐與想像之力，則是非常有效的方法。

靜坐已是近來許多研究的主題，其功效也受到肯定，從憂鬱焦慮、肥胖到創傷後症候群都不例外。整個療癒的源頭在你。當你專注心神沉澱思慮，自然能接觸到自己最真的本質——那就是神性，充滿力量，由愛組成。

靜坐不用太難，一天十分鐘即可。醒來是最好時機，那可為一日定調。我自己喜歡這麼做。

定時十分鐘，背脊挺直坐好（無須採取什麼不尋常的姿勢），眼睛閉上。想像一條臍帶從你的肚臍延伸到地球中心，想像地球能量回到你的肚臍裡。再想像一條臍帶從肚臍伸往天際——將天空帶進你身體。此時你與天地完全合一。接下來十分鐘，專注於肚臍，留意任何浮上心頭的意象、感受、色彩。時間一到，記下剛才所見所覺。就這麼簡單。

我做完後會開始想像這一天要如何，用幾分鐘想像所有會順利進行的事。晚上到了睡前，我則自問：「我從今天能學到什麼？」再把答案寫下。

這個早晨與晚上的技巧，是我從約瑟夫．克勞（Joseph Clough）學來的。克勞是催眠大師，教人如何發送訊息給自己的潛意識，以充分發揮潛能。一早先想像，這之所以有效，是因為心靈無法區分虛實，只要以想像經驗美善，就能讓心靈接收正面信息。睡前回顧，則讓你看到自己進展，保持動力，我們所留意觀照的自會擴大。所以當你晚上審視發生的好事並一一記下，就會看到一種模式形成。有具體證據顯示，你憑思維、意圖，確實可正面影響生活。這有實際效果，靠的是腦幹裡所謂的網狀活化系統（reticular activating system），它讓你專注於你關心的事物，看不見其他。例如你打算買某種款式的紅車，下了這個決定後，你發現到處都是這種紅車，這就是腦子這部分在運作。這種車款忽然變得非常有關聯性，所以你一直看到它。這個早晚一次的自省，也是透過同樣的網狀活化系統，終將重練你的潛意識——還有大腦——並開始改寫程式。

經常深呼吸

呼吸是另一種能有效安定壓力荷爾蒙的練習。深沉綿長，透過鼻子，經常地做。

試試這個練習。用鼻子緩緩地深深吸氣，喉嚨底部同時打開，再用鼻子把氣呼出。停一兩秒。再改用嘴巴，慢慢深吸一口氣，然後也用嘴巴呼出去。你留意到什麼了？

鼻子吸進來的氣比較深長，因為其結構會把空氣送抵肺下葉，血液主要積聚之處。所以，用鼻子慢慢吸氣，會比用嘴更能供氧給肺。不只如此，擴張胸腔下方還能刺激迷走神經，讓它穿越橫膈膜，這是神經系統控制副交感「休息、恢復」或「休息、消化」的主要神經——有助對抗壓力荷爾蒙。肺部上葉有壓力接受器——用嘴巴吸進的氣就到這裡，讓你更加緊張。相反地，用鼻子深呼吸，能啟動肺下葉的鎮靜接受器。

以鼻呼吸也能提高體內一氧化氮含量——那是從每條血管內皮細胞組織所產生的氣體。一氧化氮能調節體內所有神經傳導物質，像是血清素、β腦內啡、多巴胺；百憂解這類神經科藥物影響的，就是這些神經傳導物質。

學會用鼻子深呼吸，能讓我們在應付超高壓力荷爾蒙時，仍記得真實的自己。所以，請試著以鼻子慢慢深呼吸三、四次，一天數回。一有空檔就可以做，讓自己回到放鬆狀態。處於壓力事件中，也可以做。家裡各處貼上寫著「呼吸」的便利貼——浴室鏡子、駕駛盤、冰箱門上。經常深呼吸的療效，會讓你驚奇不已。

正因有意識地用鼻呼吸效果驚人，我甚且採用了已故俄羅斯醫師康斯坦丁．布提科（Konstantin Buteyko）發展出的一種手法。布提科醫師開創性的研究獲得臨床證明，治療氣喘、打鼾、睡眠呼吸中止症等呼吸障礙頗具成效。布提科呼吸法練習有多種，我採用的這招非常簡單：每晚上床以前，用貼布封住嘴。聽來很瘋狂，是吧？哪，我的體驗心得如下：早晨醒來變得精神飽滿許多，不再那麼委靡昏沉。第一次你可能會經歷十五分鐘的些微緊張，別擔心，身體自會適應。整夜你將處於「休息、恢復」的呼吸模式，身體順利代謝壓力荷爾蒙——而不像張嘴呼吸、鼾聲連連的許多人，身陷「打或逃」的模式。

所以記得，用鼻子呼吸。拿嘴巴呼吸只會引發緊張，讓身體製造更多壓力荷爾蒙。

活動身體

好，現在我們轉到身體，以另一種方式緩和緊張與發炎：運動。運動是這樣的——它其實對打造與維護精神健康非常有效。研究發現，輕度到中度憂鬱，五成藉著有氧運動就能痊癒。也不需要太多，一週三次，每次二十分鐘即可。走路或運動，以你能用鼻子輕鬆呼吸的速度，絕對不要迫使自己超過這個尺度；當你需要用嘴巴呼吸，你就進入「打或逃」模式，壓力荷爾蒙反應就只會引起細胞發炎，時間一長，更可能導致免疫力降低。

有人怎麼動體重就是下不來，一個原因就是他們張嘴做運動。這只會提高壓力荷爾蒙及細胞發炎。若是緩慢平穩地以鼻子呼吸，你會發現胸腔變得較有彈性，也有辦法在此情況或走或跑。科羅拉多州波德市（Boulder）的生命水療（LifeSpa）創辦人暨《身心靈與運動》（*Body, Mind, and Sport*）一書作者約翰・杜拉（John Douillard）醫生，甚且曾訓練人們不戴氧氣設備攀上聖母峰，就是讓他們經由適當呼吸，充分供氧給細胞組織。我認識好幾位運動員，靠鼻子呼吸就能輕鬆愉快地跑步——他們都經過一段練習。相對地，運動時張嘴呼吸的人往往落得渾身痠痛，僵硬疲憊，害怕運動。

進行我們所談的這些改變——跟你的吸血鬼劃清界線，從事療癒傷口等等——恐怕會讓某些人在上軌道前，有點手足無措，所以我建議從基本運動著手。一次走二十分鐘，一個禮拜三次。你甚至可在大樓走廊或商場來回，戶外當然最好，但你可以就近開始。那句老話「健康的心靈在健康身體裡」一點也不錯，運動不僅改變肌肉，也會改變大腦。

另一樁很傷身的事就是坐太久。有人甚至把「坐」形容為新式抽菸，因為一天坐超過六小時，將導致幾乎各種危機——從心臟病到中風、糖尿病到癌症。

即便經常運動，成效都會被坐太久給抵消。對身體來說，坐著是一種「無重力狀態」，讓我們失去平衡、必要能力、骨頭密度、心輸出量等身體功能——宛如身處太空毫無重量的太空人。美國國家航空暨太空總署（NASA）生命科學部門（Life Sciences Division）前總監瓊·費爾妮柯絲（Joan Vernikos），在約翰·葛林（John Glenn）七十七歲重返太空時，負責監督其健康情況；她說，每二十到三十分鐘站起來，就能讓長坐輪椅（但未癱瘓）的人重新起身行走。那就是運動對抗地心引力的效力。所以我總是告訴大家，至少每三十分鐘站一下再坐回去。因吸血鬼而處在虛弱狀態的你，這點格外重要。

我們常拿來跟老化扯上關係的許多症狀——疼痛、行動不便、拖著腳走——其實是體內筋膜累積造成。筋膜是結締組織網，連結身體一切，將皮膚與肌肉相連，包覆且貫穿所有肌肉，也讓肌肉與骨頭及所有器官完美地連成一氣。

隨著年歲增長，我們的筋膜因為來自身體、情緒或精神的壓力——你在吸血鬼關係所承擔的一切——而逐漸緊張、結疤、變厚。這些壓力導致發炎，組織纖維黏在一起而變厚，時間一久，行動開始受限，能量亦然。

行動受限的原因很明顯——筋膜全身相連，某個部分組織變厚，自會影響全身各處的筋膜。至於能量受限，就比較複雜一點。筋膜是結晶質，跟水晶一樣會傳導能量，也就是說，它能在極短時間傳遞訊息到身體各處。而當筋膜變厚變緊，傳導性能就變差，能量傳導變差意謂你的「毛病」卡在「組織」裡，你的身體也就開始顯得衰老。就像我的醫療感應朋友，也是筋膜專家的麥修講的：「問題不在年紀；在筋膜。」好在，要讓筋膜恢復年輕時有彈性的狀態，永不嫌晚。

伸展運動筋膜組織，能讓身體保持在頂尖狀態，不僅能保持筋膜彈性，也促進貫穿其中的經絡。經絡是能量流通的高速公路，與體內每個器官相連；促進經絡，就是傳送療癒能量到對應器官。這對吸血鬼關係後的健康恢復幫助很大。

保健筋膜，使器官健康運作的另一件事是正確的姿勢。現代建築環境常使我們沒精打采，肢體運用不得當。不時低頭看手機，平添頸部負擔，結果就是筋膜拉緊。運動員、孩童、傳統社會裡的民眾採用自然健康的姿勢，沒有背痛問題。你也可以學會如何健康地坐、站、彎腰、行動。艾絲特・高克蕾（Esther Gokhale）是這方面的領銜專家，在她那本《零痠痛！人體正確使用姿勢書》（*8 Steps to a Pain-Free Back*），她提出整套讓你身體恢復自然結構的健康姿勢。

藉由特定伸展來運動筋膜經絡，不僅有助調整姿勢與肌肉，還能幫你提高能量提防，不再輕易撿拾他人的擔子。相信你能想見，這在你設法與吸血鬼保持距離時多麼有用。我的皮拉提斯老師暨感應運動治療師麥修，本身也是技巧很高的共感人，她告訴我，因為常做伸展，現在晚上不再有不速之客「拜訪」她了。我說的伸展是，邊伸展肌肉邊收縮——就像貓狗睡醒時做的動作——或像你早上起來，邊打呵欠邊把手伸到頭上一樣。別忘了，我們共感人易感，容易被滲透；要變得像鐵氟龍一樣百毒不侵，你就得起身多動，保健筋膜！

我們所知有關筋膜的另一件事是：它會貯藏未被處理的情緒。筋膜資訊庫，使我們的人生故事演成我們的生理狀況，當你以新的方式行動，筋膜就不斷流動——你的潛能也是。

淨化飲食

這方面我可以寫上整本書——無數的人也行。相關經驗太多，我只提出經過反覆驗證，確實能降低身體發炎的幾則建議。

首先，吃下你的蔬菜。不，你不必成為素食者，實際上，很多人吃動物性蛋白質更有效，包括紅肉。但所有人都需要大量蔬菜，綠色、多葉、色澤明亮的蔬菜。愈多愈好。

第二，加工包裝食品減到最低，可能的話，戒除一切精製碳水化合物，包括包裝餅乾、蛋糕、蛋捲等等。儘量只吃從土壤、海裡直接來的全形食物——最好沒經過加工。可能的話，挑有機跟非基因改造食品，實在沒辦法，就以神聖之愛為眼前的食物祝福。

最後——或許也是最重要一點——避免糖類。糖是一種抑制痛楚的麻藥，如果你身陷與吸血鬼的關係，相信我，你必是處於痛苦中，就算你還沒意識到這點。實驗室裡的老鼠面對糖水跟古柯鹼，幾乎都會選前者。就成癮性而言，糖估計是海洛因或其他麻藥的八倍。以糖餵食的老鼠，爪子耐受燙熱表面的程度提高。你可以說，糖是人們的鴉片，所以你在不計其數的影集裡，總看見某人狂啖冰淇淋、披薩或巧克力片來對抗壓力。

人類學家亞伯特．維洛德（Alberto Villoldo）在其著作《大靈之藥》（*One Spirit Medicine*）中指出，含糖量高的飲食，與大腦中樞下方——人類生存中樞——相關，而含糖極少的飲食則與腦部較發達區相關，這些區域負責創意、啟發、發明與能量源（Source energy）的連結。我還記得我在八〇年代曾讀過一篇維吉尼亞州潮水少年觀護所（Tidewater Detention Home）的研究，院中的餐飲去糖後，攻擊與暴力行為顯著下降。也確實如此，糖分（或酒精，基本上是同樣東西）會挑起很多人的暴行或侵略性，讓我們遠離更高的自我（Higher Selves），停滯於較低層次而緩慢的振動頻率。

我知道要放棄糖分似乎很難，但你辨得到。波士頓兒童醫院（Boston

Children's Hospital）的大衛・路德維希（David Ludwig）醫師，在著作《老覺得餓嗎?》（*Always Hungry?*）中介紹他的十天戒糖行動，連人工糖在內——甜菊（stevia）之類的健康糖精也不例外。十天內，味蕾將重新設定，蘋果將變得甜美無比，蕃薯也是，還有——更好的消息——胰島素水平驟降，同樣如此，還有讓你疲憊、疼痛、易怒的細胞發炎。最低限度，你的能量磁場能提高到足以讓你更能「抗拒吸血鬼」。

用心進食

我知道這很難，有時候邊趕路邊吃是你緊湊行程裡的唯一選擇，有時你只想坐在電視機前面放空。我懂。但用心進食非常重要，所以當你準備吃飯時，選擇不受打擾之處，接下來，每口先嚼二十五次再吞下肚。若能如此，你將發現自己真真實實在品嘗食物。當你為身體——還有你內在那個小孩——這麼做，你將感到一種恐怕自小不曾感受過的關愛。這要很自律，我知道，但請試試。你會訝然發現食物如此美味，淺嚐其實夠飽，消化那麼順暢——消化本來就始於嘴巴。這麼吃，還能鎮定壓力荷爾蒙，這個讓共感人在跟吸血鬼一起後備受困擾的東西。

尋求好眠

睡眠，無疑是身體代謝壓力荷爾蒙，自我療癒最有效的方式。愈來愈多研究顯示，良好的睡眠對身體功能何等重要。學校終於了解，延後上學時間對青少年具關鍵作用，他們需要充足的睡眠；產業界開始明白，充分休息如何影響員工表現。推動睡眠、著有《睡眠革命》（*The Sleep REvolution*）的亞利安娜・赫芬頓（Arianna Huffington），還在她創設的赫芬頓郵報（The Huffington Post）時，為員工設有休息室，她告訴我，使用率很高。最近我也為公司買了一把躺椅，鼓勵員工在睏倦無比時充分利用；過去他們的觀念是，咬牙撐過去就對了，其實並不可行。

睡眠是我的最佳療癒，我強烈推薦給大家。是啦——我知道有少數人，似乎只睡四、五個小時就夠，而且很不幸，還因此備受推崇。幾十年來，需要較多睡眠的我們，總覺得自己是不是有問題。醫學界文化非常稱許少睡，老天知道，我在急診跟產房的通宵不寐早已超標，但任何人都不該有這種生活型態。當你長期睡眠不足，身體就轉為細胞發炎模式，減重幾乎不可能，想活出真實自我，更是天方夜譚。

我在旅行期間或被迫早起時，總會排一兩天無須刻意起床，讓自己能盡情睡飽。有時一躺就是十二個小時以上。你沒看錯——十二個小時以上。畢竟，我們的近親類人猿，每晚得睡十小時。我也聽說，偉大的愛因斯坦平常都睡十個鐘頭。

以下是優質睡眠的幾個原則：

- **打造電子化「日落」**：電腦螢幕、手機、電視發出的光線，對大腦分泌褪黑激素有不良影響。松果體製造的褪黑激素有助於抗氧化，對健康與睡眠十分重要。你若開著電視睡覺，就是以錯誤波長干擾身體休息。電子產品也很刺激神經系統，好爸媽不會讓孩子睡前看上幾個鐘頭的暴力、刺激節目，而是會有某種溫馨的上床儀式，或者先幫孩子洗個澡，然後爸媽讀個床邊故事，再幫孩子把被子蓋好。這個流程大約三十分鐘到一個小時。我們跟小孩需要同樣的關愛。我在睡前幾乎都要泡個暖呼呼的澡，撒上瀉鹽。瀉鹽中的鎂很能鎮靜神經。這時我也會稍微閱讀。

- **睡在黑暗中（如果可能）：**周圍光線會減低褪黑激素。滿月夜，如果月光照進窗裡，你看你會多清醒。必要的話，裝上遮光窗簾——尤其當你住在街燈朝你窗口閃爍不停的地帶。
- **晚上十點前上床：**阿育吠陀跟傳統中醫都主張，晚上十點到凌晨兩點，輪到肝臟排毒。換言之，如果這段時間你不看電視或打電腦，乖乖睡覺，身體就能得到最充分的排毒與回春。
- **關上手機：**我知道這很難，我們對這玩意都有癮頭，但開著手機有幾點壞處。首先，你讓自己暴露在簡訊或電子郵件的干擾中；即便對方只是一股衝動，沒把你的睡眠當回事。手機開著也會驅使你一起床就看手機。建議起床後先給自己至少三十分鐘自省時光，別忙著檢查郵件或社交媒體。善用這段強大而近乎覺醒的清明，為一日定調。靜坐，讀點激發人心的東西，唸一兩句自我肯定聲明，再送出神聖之愛，為一天展開美好。

- **考慮把嘴封上：**如我之前所說，睡覺時封住嘴，能訓練身體用鼻子呼吸，那遠比用口呼吸更能排掉壓力荷爾蒙。假以時日，此舉能改善下巴位置、胸腔、鼻道，讓睡眠變好，更別提消除打鼾、用嘴呼吸、睡眠中止障礙帶來的壞處。我知道那聽來有點瘋狂，但請試試。我自己是用3M的透氣膠帶，但你大可使用任何低過敏膠帶。

睡眠奇妙之處還有一點：如果睡得好，你常能記得夢境，夢又是潛意識對你的呼喚，是你在試圖療癒傷痕與童年創傷時的一條捷徑。你可透過夢境，找出需要療癒的源頭。所以請留意你的夢。倚賴直覺，看這個夢純粹在反芻白天，或具有更深層的含義。把夢看做潛意識寄來的信，讓你知道什麼仍在困擾你。

透過夢境浮現的傷痕怎麼處理，我自己發現一個很有效的方法是，看看那個夢引起什麼樣的情緒，全心感受，指認該情緒點出的需求，針對性地去做些什麼。就像之前我提過那個我必須找到行李去趕火車——家人卻都不理會——的夢，醒時我覺得一股深沉的哀傷，因為沒得到支持或幫助；我指出這種情緒，讓哀傷、拋棄感流竄全身；繼而我再指出這些情緒點出的需求：我需要支持，需要旁人理解我的需求，需要被看見被關愛，需要被重視。然後我跟信賴的朋友傾訴此夢，在清醒時分便能即刻得到支持。一旦與人分享我的感受並得到了支持，療癒隨即展開。

這個夢特別戲劇性，至於其他夢境，若出現我不喜歡的結局，我會在清醒時回到夢裡，重新安排夢的訊息，設法滿足自己未得到滿足的需求。如果沒人協助，我就重新置身夢境，尋求幫助，請全家人一起幫我整理行李，以前所未有的速度趕上火車，途中也許還能先享用一杯咖啡、做白日夢，醒時回返夢境，進入潛意識層的效力其實跟做夢一樣。如此一來，你可以很快重整下意識裡的腳本，讓它在現實中升級。記住——你永遠不必成為自己夢境的受害者。

操心必要的事

近來，維持體內平衡似乎成了一種時髦，你從附近藥局銷售保健藥品的架上跟醫生開的眾多檢驗項目，便能看出端倪。但其中有值得關注者，也有不值得費神的。吸血鬼關係已給你帶來太多壓力，「無須費神」之處就顯得相當重要。以下是我的建議：

空腹胰島素：這是你該注意的，醫療院所一個簡單檢查就能驗得結果。空腹胰島素測知你至少十二小時未進食，血流中的胰島素水平。我為什麼叫你做這檢查？因為多數人被診斷有第二型糖尿病之前多達十年，胰島素已經上升。因此這能讓你注意身體消化糖的能力——你該記得，對高度敏感又被耗盡元氣的人來說，糖是很大的問題。

有人也許會建議你做空腹血糖檢驗，那卻不如空腹胰島素來得正確。當胰臟分泌過多胰島素對付過高血糖時，空腹血糖卻可能好幾年仍驗不出異常。

空腹胰島素理想值應低於三。

碘：由於水加氟加氯，烘焙食物也添加溴化物，許多人體內都含碘不足，透過飲食補充一下最好。這時，多數人第一個想到的就是含碘食鹽，但這種鹽卻會導致其他問題。要添加鹹味，我通常建議海鹽與喜馬拉雅玫瑰鹽，但它們不含碘。那該怎麼補充碘？可以吃海菜、昆布錠劑，或在開水直接滴幾滴百分之二盧戈爾（Lugol's）複方碘溶液。如果你在服用甲狀腺藥物，要慢慢開始；可能的話，讓醫生適時追蹤你的甲狀腺狀況。

碘對甲狀腺、卵巢、乳房的健康舉足輕重。許多胸痛婦女在飲食添加碘後，症狀完全消失。注意：開始服用碘時，可能出現疹子或其他排毒反應，這是碘在讓過多的氯、氟、溴化物逐出體外。很多人誤以為是自己對碘過敏。

其他礦物質：由於土壤耗竭，多數人飲食需要添加礦物質。礦物質——尤其鎂——負責維持我們的生物場（biological fields）的電磁量。缺乏礦物質，我們就會像跑得超慢的老電腦。至今我覺得最有效的補充來源，是卡洛琳・迪瑛（Carolyn Dean）博士的ReMag鎂補充液與ReMyte其他礦物質補充液。迪瑛博士著有《鎂的奇蹟》（*The Magnesium Miracle*），我認為她在相關領域的研究，至今無人能及。如果你容易腿部抽筋、心房顫動、睡不好、頭痛、焦慮——都可能是缺乏鎂的徵兆。以液態方式補充鎂，可攝取到較高的劑量，又不至於像口服劑常引起腸子問題，容易拉肚子。我是用一品脫（譯註：約等於473 cc）開水，倒進ReMag及ReMyte各一匙，同時加點玫瑰鹽。我總預先準備好這些水——一茶匙玫瑰鹽對一加侖（譯注：約為3.78公升）開水：室溫擺在廚房，第二天一早就能喝。ReMag跟ReMyte口感並不好，所以我會加兩匙布萊格氏（Bragg's）有機蘋果醋。

維他命D：檢查一下你的維他命D。理想水準為40-60皮克／毫升（pg/mL）。擁有最理想水平者，罹患多發性硬化症、心臟病、乳癌、腸癌的風險減為一半。

經常曬太陽可獲得充沛的維他命D。渾身上下曬個三十分鐘——如果你皮膚白皙——就可獲得一萬個國際單位（IU），於皮下直接生成。如果你膚色較深，就得曬久一點才能得到同樣的量。皮膚黑仍會被曬傷，所以每個人都得慢慢開始，逐步增加。對我們位在北半球的居民來說，就是從三月底，先每天曬個五至十分鐘，隨著夏天展開，逐漸增加為早晨或傍晚的三十分鐘至一小時，儘量讓全身享受到陽光。注意：過了十月中，在北半球可能就無法獲得足夠的短波紫外線（UVB）直接製造維他命D，因此，秋冬及早春（夏天無法外出時也是），請每日補充5,000國際單位維他命D。

自然光也是一種營養素。當你走在這種環境中，其實正透過視網膜，滋養著大腦，平衡你的荷爾蒙。

膽固醇：這是我跟一般醫學界觀點稍有不同之處。過去幾十年來，膽固醇被視為敵人，就我看，那造成的傷害比好處多。多數人如果未接近三百，其實無須擔憂。九十歲以上的健康老者，很多膽固醇都落在二六〇到三百。太多人服用他汀類（statin）藥物了，而此種藥物與記憶衰退、肌肉疼痛與乳癌有關。所以，雖然我建議你要檢驗膽固醇，但別任憑醫師開立處方。自己先做些研究再行決定。

成為疫苗專家

一九九一年起，疾病管制預防中心（Centers for Disease Control and Prevention）的兒童疫苗注射時程，建議打針次數增加三倍。在那同時，美國國會通過一條法令：任何疫苗有關傷害，製造廠完全免責。成人建議注射疫苗隨即開始激增。當你了解疫苗的歷史及背後政治，就明白其中有多少複雜內幕。再者，當今危害人命最嚴重者不在傳染病，而是慢性退化性疾病。

仔細考慮是否接受所謂「定期」疫苗，像是帶狀皰疹、流行性感冒、肺炎。所有疫苗都帶有大量有毒物質，可能損害健康，尤其共感人這麼敏感的體質更要注意。疫苗並非全面性的安全有效，推薦你細讀蘇珊・亨芙莉絲（Suzanne

Humphries）醫師所寫的《解除幻象》（*Dissolving Illusions*），立論嚴謹，令人大開眼界。亨芙莉絲醫師是合格內科醫師及腎病學家，當她注意到她的透析病患在接受定期疫苗後，腎功能下降，便開始留心其中風險。記住，身為共感人，很多事你心中雪亮，其一便是如何療癒保健——即便各種導向其他種結論的外在條件。

讓大地療癒你

抗生素問世前，結核病人總被送往療養院，成天躺在那兒曬太陽、於清新空氣中做些運動。不少人就此完全康復。抗生素世代的我們卻忘了這種療法。而抗生素也快走入歷史，因為過度使用，已產生各種不怕抗生素的超級病毒。

研究指出，只要光腳站在大地之上二十分鐘，細胞發炎就能降低兩成。若搭機造成時差，赤足站在地面能讓你很快恢復精神。大地本身會放射負極電子，讓人神清氣爽，身體健康。如果不方便脫鞋，可以抓著樹木，同樣能幫你充電。注視螢幕過久——盯著手機、電腦——對我們的磁場造成各種損害，經常立足地面，有助對付這個問題。

了解自己

關於飲食的內容與時機、運動、靜坐等課題，坊間書籍令人眼花撩亂，所以我再送上最後一點建議。決定你的療癒之路之前，先這麼辦：坐下來，用鼻子慢慢深吸一口氣，再用鼻子緩緩呼氣；重複一回；第三次，吸氣，呼氣。此時你啟動了副交感神經系統，降低了壓力荷爾蒙水平，是探詢自我的適當時機了。問你自己：「要維護能量，愛惜自己，現在我該怎麼做最好？」寫下答案。那就是了，最佳方案就在你耳邊細語。

第十一章

永久對能量吸血鬼免疫

如果你已讀到這個階段，但願你已做足準備來治療身心靈，然而還差一步——這一步，能讓你重獲健康的身體與情緒，更重要的是，能幫你對吸血鬼免疫。這是我至今所見最令人振奮、最讓人海闊天空的事。最後一步就是：做你自己，自在發光——由此將開展一種人生，讓你活出最充實、最燦爛的自我。踩出這一步，你也不再受黑暗勢力的困擾。

你是光

如果說我希望你從此書得到什麼啟示，那就是：你很特別。你成為吸血鬼的祭品是有道理的；你這麼努力設法助人，是有道理的；人們遇到麻煩就來找你，是有道理的；這個道理在於，你是光之工作者。你存在，要為整個地球散播明亮與幸福，要放射高頻率的療癒能量。除非自在發光，你永遠會覺得少了什麼，無法達到更高層次、吸血鬼不再能騷擾的喜樂境地。

共感人及老靈魂的光，來自我們的目的：我們努力探索神聖——探向神。只要如此，我們便引進更多的光，也向外散發更多光與療癒。記得我在一開始所講的嗎？我們的目的、我們的光，永遠是立基於愛、熱忱與服務，而非自私跟犧牲；後兩者是舊能量中黑暗勢力（Darkness in the old energy）採用的武器、奴役的工具。當你全心修復不可修復之事，就黯淡了自己的光。這是你來此學習的一門功課，也是吸血鬼帶來的深刻教誨。

當你先愛自己，就能自在發光。你原諒自己一切或真或想像的「罪」時，就能自在發光。你不再執迷於相信自己有缺陷、有毛病時，就能自在發光。你不斷投入愛惜自己的努力時，就能自在發光。你謙卑地認可自己的卓越時，就能自在發光。

面對罪惡感、羞愧或恥辱時，你可藉此書學到的觀念跟技巧度過，然後就能將那種特定振頻從集體排除。

你為自己所做的一切，使他人能更安心地為自己努力。你為自己做的一切，等於是為集體所做——為這眾生相繫之處而做。當你如此，身上便發散一股能量，旁人由此得知，大可安心體會自己的感受；吸血鬼則由此得知，你不再是他們的理想獵物。

共感人神奇之處，在我們的磁場能改變事物，它照亮黑暗，驅走黑暗。這便是所謂光之工作者。我們來此感受黑暗情緒，將它驅出集體，加速讓仁慈回到這個星球。每當我們感到痛苦、遺憾、罪惡、渴望，那不只是我們自身的感受，我們其實在為所有人感受、清理那股情緒。這是我們生來此世的重要使命，卻不在我們意識中，然而情況便是如此。我們小時候並不知道，如今明白了。我們的光，照亮每個我們發現自己之處，而隱藏黑暗裡的事物霎時變得清晰——吸血鬼及其伎倆無法再影響我們或我們周遭的人。

靈性導師朵洛莉絲·侃南（Dolores Cannon）在其著作《三波志願者與新地球》（*Three Waves of Volunteers and the New Earth*）中，談及來到地球改變地球能量、使其免於大災難的三種人。老靈魂共感人似乎就屬於其中第二種，他們是「能量的天線、明燈、來源與頻道。他們天生具有獨特能量，影響他人至鉅。他們無須做什麼，只需存在即可。我聽說這種人只是走過擁擠的商場或超市，散發的能量就影響了接觸到的每個人。就是這麼強大，當然他們並不自覺。矛盾的是，雖說他們應善用能量影響世人，他們在人群裡卻不自在，所以他們當中很多人隱居在家，避免與人為伍，甚至在家工作，從而辜負了自身使命。」

黑暗勢力

重點來了。黑暗勢力存在世上，卻也存在你心中。它在我們所有人的心中，我們可選擇黑暗，也可選擇光明。你可以盡情發光，也可極其黑暗，選擇完全在你。我記得保羅．科爾賀（Paulo Coelho）著作《愛的十一分鐘》（*Eleven Minutes*）中有這麼一段，提及巴西一位女子受邀前往瑞士，她以為前方是更好的工作與生活，抵達後發現，等著她的是妓院。客戶絕大多數如你所想，其中卻有一人只想跟她談話。此人成為她極重要的靈性支柱。有位客人提出性虐待要求，這個導師便警告她，切勿往那條把性能量與羞辱痛苦結合的道路沉淪，那是個無底深淵，只有更加黑暗，深不見底，她的能量將被耗盡。我們所做的一切也是如此，我們可以朝黑暗奔去，或是奔向光明。

你心中的黑暗，就是那個聲音：「我才不相信這些鬼話。我沒任何不平凡之處，只是運氣很差。」或「貪婪自私就是人性，這世界終將就是狗咬狗。」黑暗是否定信念的贊助者。它知道，懷疑者一旦細看，就會讓黑暗勢力無所遁形，所以它卯足全力矇住你雙眼。於是很多人不曾察覺自身光明，反而嘲笑靈性追尋──斥為無稽。仙子之言？天使？祈禱？開什麼玩笑。我念醫學院時，一名同事跟我說：「我真不敢相信你居然在讀什麼天使書籍。像你這種智力的女生。拜託喔。」相信前世、能量場、花精、古典力學以外的一切？那都是清醒成年人不假思索棄之不顧的。排斥無體無形，你就難以進入光，予黑暗可趁之機。

我們的社會建立於黑暗之上。權威人士鼓動人們相鬥，製造戰爭；企業只在乎獲利，奉金錢為成功頂點；學校灌輸緊張及恐懼，因為沒有比達不到社會期待更糟。這種種壓力加上不斷的壞消息，人傾向絕望悲觀，讓你容易落入貪婪、操弄或成癮，任何能痲痺痛苦之事。但你墮入絕望或藉黑暗力量緩和痛苦，正使得黑暗得以茁壯。

開門迎進光，是你要做的選擇。

只要你在世一天，內心的黑暗也緊緊相隨。黑暗為所欲為，直到你的靈性開始質疑。當你問：「我是誰？」光就進來了。憑著選擇與思考，你開始能掌控黑暗。記得這點：你的力量絕對勝過世上一切黑暗。當你決定跨入光明，黑暗即失去對你的掌控，你的人生將朝美好展開。

首先，你必須選擇跨出恐懼，不能讓自己嚇得要死或擔心到生病。留心那些字句，描繪恐懼及擔憂的力量的話語。

恐懼讓你不能動彈，是你內心那個聲音：「我沒辦法成功。」「我太老了。」「老了難免生病。」「對我來講太遲了。」「我無法改變這個。」所有負面聲音。恐懼與黑暗如此發揮作用。如果你讓它進來，也就讓自己被吸血鬼的黑暗勢力包圍。

恐懼始於腸胃，屬於較低頻率的人性，可用來操弄人。傳統醫學幾乎由其主宰。不做這個檢查，你可能會死；不吃這個藥，你可能會死。如果不學會控制它，恐懼將入侵你的內心，操縱你的人生。

所以你必須當下阻止恐懼。我知道這聽來過於簡單，但阻止恐懼，第一步就只是注意它——射一道光於其上。下次你有恐懼反應就說：「住手。我知道你在幹麼。住手。」恭喜自己，有此技巧留意恐懼、加以阻止。真就那麼簡單。只要記住，恐懼是黑暗勢力的糧食。我們不該走在恐懼裡。我知道你怎麼想：我之前試過了——唸自我肯定詞句之類的正面嘗試，但都沒用。而那在新能量裡——二○一二年開始轉動的能量——不一樣了。情況已然不同。

你有無比的勇氣，讓你的智慧趕走恐懼。就像伊莉莎白·吉兒伯特（Elizabeth Gilbert）在她那本《大魔法》（*Big Magic*）裡說的，恐懼永遠跟隨我們，不會離開，但不必由它駕駛，你可以把它擺在後座，不讓它選電台。如果我是你，我也不會幫它綁安全帶。不必給它安全感。

當你屈服於恐懼、憤怒或悲傷，就是助長黑暗，讓吸血鬼坐大。

如果你就燃起一根火柴——發出一道光——說：「親愛的神……請告訴我，請告訴我。」只要說：「我準備好了。請告訴我我該做什麼。我準備好聆聽。」如果一股愛湧入內心，如果天使執起你的手，吸血鬼消失，不用訝異。

人生不該慘淡，我們的目的應該是盡可能帶來靈性（或者神），我們的目標應該是帶來天堂。我們辦得到，因為神與我們同在。沒錯——神的一小部分，就在你裡面。這是一則大祕密——也是全心釋然之鑰。「忠於自己」這句話，呼應的就是這永恆指導。

地球存在過的任何文化都曾如此問過：「我是誰？為何在此？」任何金句聖典，都出自一位與內心之神有聯繫的人之手。你認為神——造物主——不再與我們對話了嗎？

你隨時可以跟神展開對話。提出要求，就有應允。

重點是，每個人都是獨立個體。透過你顯現的神，將不同於透過我顯現的神。沒有任何法條規則，但你的神性，就在你選擇成為光的剎那寫入DNA。

耶穌講過最具啟發性的言語之一是：「這些事以及更多，你也應當做。」他的意思是，我們擁有跟他同樣的力量。在我看來，那是基督再臨——當我們察覺我們身心靈天生具足的力量。

當你超越恐懼與犧牲者狀態，再沒什麼能阻擋你如何發光。發行這本書的賀氏書屋創辦人露易絲．賀（Louise Hay）就是最好的例子。她出身貧困，繼父不僅對她拳腳相向，還施以狼爪。她有個孩子讓人收養，從此未曾謀面。二十歲初罹患子宮頸癌，她改變飲食配合自我肯定，得到療癒。嫁給心中的白馬王子，之後他提出離婚，使她備受打擊。但絕望沒擊垮她，她繼續向前，後來甚至對此感恩，說：「他造就我成為露易絲．賀。」接近六十歲，她自費出版《創造生命的奇蹟》（*You Can Heal Your Life*）；該書登上《紐約時報》暢銷書榜，同時間，她上電視接受《菲爾．唐納休秀》（*Phil Donahue*）及《歐普拉脫口秀》（*Oprah*

Winfrey）訪問。賀氏書屋於焉誕生。

賀氏書屋建立光的網絡，廣被全球，緣起只是一個決心把自己巨大黑暗轉為光的女子，那道光一年年愈燃愈亮。這就是人類與造物主雷同的力量。

露易絲．賀只是眾多典範裡的一個，此刻則是我們每個人抓緊自身力量的時機。世界正在轉變。實際上，正有龐大光束射向地球——黑暗整個現形。黑暗始終都在，現在則無所遁逃。而光仍不斷增強。曾追隨已故的馬賽．沃杰（Marcel Vogel）、致力於神聖之愛二十五年的弗里契說，我們稱作神聖之愛的這股能量，二〇一二年以來便在地球穩定下來；以往需要五個人的療癒力才能成就之事，如今一人足矣。

請別誤會，黑暗勢力極強，絕不容易消滅，正使盡渾身解數力挽頹勢。所以，不管旁人怎麼告訴你，只要你愈能夠愛惜自己，自在發光——包括散發歡愉及樂觀——黑暗便撤退的愈快。黑暗勢力跟它的吸血鬼小兵們正企圖扭轉乾坤，但他們知道氣數已盡。一人正面發光，即可影響身處黑暗的一萬人。是起身捍衛光之工作者的時候了。

自在發光的實例

所以，這一切實際上意謂著什麼？

它意謂著，你根本不該受吸血鬼折磨，幫他們擦屁股——任何爛攤子都不必。你存在是為了轉黑暗為光亮，所以，下回有人撥動你心弦——自己卻啥都不做，只大肆享受你的親善——你叫他們走開。別自動假設他們是一片好意，先調查清楚。尤其當他們魅力四射或容貌俊秀，對你的關注讓你受寵若驚。記住這句：「你不是被選上，你是被瞄準了。」然後一笑置之。

下回碰到有人苛薄挑剔，記得你的責任就是把這種性格從自己身上清理掉，至於改變他們，那不關你的事。你也不必刻意尋找黑暗、加以凸顯，那也不是你的事，你只要處理眼前的事。

若有人對你卑劣無理，只要說：「謝謝。」然後，向自己或對方說：「很遺憾你在痛苦。祝福你。」你甚至可用上「×你×的。」的辱罵力道，只是換上「祝福你」。

自在發光——也讓自己不受吸血鬼及黑暗勢力傷害——意謂著把自己擺在第一。這週稍早，我收到奧瑞岡州某個有機農場的一封電子郵件，說農場被迫將必須噴上一種含劇毒的除草劑；當地政府援引某條例指稱農場上的野草相當危險，卻陷這家合格有機農場於困境。這類事件處處可見，時時發生，如果你跟我一樣屬於行動派，保證你的收件匣也塞滿這類郵件。

這回，我沒有馬上回信給位在奧瑞岡州這個小鎮——那遠在美國另一端——的委員，我制止了自己。沒錯，我是想拯救每個人，那是我的天性，但我必須明白，這場戰爭不屬於我。在我自己所屬的小鎮，已經有一籮筐的事等我去做，像是地區環保條例、怎麼阻止開發商購買農地、如何保持河水不受污染等；這許多事情就在我眼前，我可以跟鄰居討論，著手行動。身為有力的光之工作者，我不能為某個遙遠使命耗盡能量，我得把注意力擺在自己家鄉。

就像我的朋友凱洛琳，她住在哈德遜河邊，當她看見家門前停泊了一堆油駁船，發現它們將負責輸出瀝青砂，會對環境造成重大危害，她便起身行動了。憑著熱情與技巧，凱洛琳集結鄰人——進而延伸至上下游許多城鎮——鄭重聲明這將形成生態浩劫，破壞她所心愛的河流。這是愛的行動。她就是處理眼前事的光明使者。

建議你也這樣做。

就處理眼前事，別管新聞所報導的種種，那都經過精心操作，就是要讓你恐懼生氣。記住，你在主流電視所見，有七成是大藥廠贊助；讓你麻木昏迷可確保他們的既得利益，這一點都不誇張。

抱持主張而非反對

發光行動時，有幾點你該注意。首先你應該起身主張某事，而非反對什麼。當你反對某事，就是把力量送到你不想要的事情上。當你抗議什麼，就是跟一群陷在狂熱、暴動狀態中的人為伍，這使得傲慢的當權者（藉著恐懼及操弄掌控大眾的少數人）能合理地視你們為社會犯罪。這樣你很難得到潛在的幫助。

要能發揮全力，展現創意，你必須主張什麼。當你們一群人理性地主張某事，你們成為公眾福祉的喉舌，整個社區的精神充實了，所有人都得到敬重，每個人都有機會贏得勝利，感覺光榮。我朋友凱洛琳跟她的團體發聲時，是大力捍衛某件事；他們團結起來，是要保護哈德遜河谷美麗棲息地與周遭社區。

作戰並非共感人的目的，我們缺乏那種神經，我們過於敏感。只有相當自我的人，才有那種不斷抗爭下去的韌性。我們要做的，是判斷哪些使命真正能打動我們，再參與到自己得到滋長的適合程度為止。記住——殉難及犧牲無法持續，儘管那是被共感人踏破的道路，請你務必小心避開。

若周遭出現一事，本質與公眾利益不符，不要加入。告訴你心中的神，你不想看這場演出。記住，你為了光明而生，遵從這個天命而行，你自會深受其他光的使者吸引——而非能量吸血鬼。

對於光，我們要做的另一點是：如實觀看，把它送出。

在好萊塢的渲染下，我們對靈性體驗的想像是：眾天使唱詩或陣陣紫色青煙。而實際上，與自身的光連結，往往難以察覺。如蘇格蘭天使傳譯者凱爾・葛雷（Kyle Gray）說的：「我們想要的，其實早已擁有。天使在此，多數時候我們不在；而當我們道出感謝時，就是選擇與天使置身一處。」而當我們確實感覺送出自身的光性時，我們就得到保護，永遠如此，你再不會受黑暗勢力及其同夥的影響。

這個星球不斷增強的光，影響著你的DNA，意謂著我們的壽命將會延長，只要你記得自身光性，經常聯繫神聖之愛，並停止相信一切有關年齡的既定看法。

別再把所有好事歸功於外界的神，要往內尋。靜坐，祈禱，連結。開始留意這星球正在發生的轉變。哲學家羅伯·布列茲尼（Rob Brezsny）提出一個很好的詞，也以其為名寫過書：潘諾尼亞（Pronoia）——宇宙策動著讓你幸福的一種信念。重點來了，你愈留意好事，就會看到愈多好事，也讓黑暗朝反方向跑得更遠。

信不信由你，我們正處於地球最安全的年代。戰事遠比任何時候少，卻有更多的新聞媒體為了收視率，強力放送壞消息。關上它們，少碰主流新聞，審視其背後贊助者身分。

留意這星球奏效的事蹟。舉例來說，法國紀錄片《明天》（*Demain*）中，製作團隊遊歷全球，發現各處社群往往能順利解決自身問題——無須複雜的官方干涉。舉例來說，舊金山回收率達八成；有農人僅以小面積耕種，即能餵飽整個社區。我最喜歡的故事之一，記錄在影片《十萬個心跳》（*One Hundred Thousand Beating Hearts*），描述美國南方一位曾以工廠化飼養牲畜的農夫，藉著永續、有機的轉型，拯救了他那位於喬治亞州的小鎮。這位農人饒富智慧地說，他並非為了拯救世界而生，他只想照顧自己農場的所有生命。

你的內在神性

年初我去聽了波特蘭交響樂團當季最後一場音樂會，領銜演出布魯赫第一號小提琴協奏曲的來賓，是一位名叫阿利希·肯尼（Alexi Kenny）的年輕人。當他開始演奏，我完全被震住了，我從沒聽人如此拉小提琴，那就好像他被當成某種神聖頻道，好像他來到地球是讓小提琴發出這樣的音色，使周遭空氣——以致整個演奏廳——療癒我們眾人。跟我一樣，聽眾全都沉浸其中。當他演奏完畢，全體一致起立，熱烈喝采，以致他數度謝幕，最後再演出動人無比的皮耶佐拉（Piazzolla）安可曲，你可以在YouTube上看到。對我來說，這是一段與神相遇——透過肯尼的小提琴。對這種事，我的身體就像支音叉。我是這樣進入神性，你的身體也一樣，你只需找到適合的頻率，知道什麼讓你振奮。一旦發現，留心它，感受它，擴大它，談論它。順勢而為，別被理智局限。

最後再看看周遭發生的改變，那是主流媒體從來不會報導的。

我深信，下個十年我們會看到不一樣的領袖，誠信將重新捲土而來，商界、政壇、家庭皆然。我已經看到這個趨勢，領袖們會服務全體人民，而非愚弄掠奪；民智更高，也不再會被惡意、負面的宣傳誤導。我們已然受夠。漸漸地，吸血鬼幾世紀曾有的優勢將不再，我們將活得完整合一，由裡到外。我們將能在第一眼便看破黑暗勢力……也再也不會餵養它。

等著看政府的改變。第一個改弦更張者，將成為一股清流，其他將紛紛隨行。企業界將爭相顯示誰最具誠信。零和賽局（全部就這麼多，所以我贏你輸）

將由大自然模式取而代之：人人有份。

當你在那些場域看到這種趨勢，就明白我所言不假。

當我們自在發光，不再把力量交付任何吸血鬼，我們便創造出一股駐波（standing wave）——一片光網，繫住我們所有人，讓我們更相信自己，相信所知所覺。我們找到真正的族人，永不再感覺孤單。

我們所要做的只是，輕輕推開迎向新現實的大門，滿懷感恩，屈膝禮拜。

誌謝

首先，我真的必須感謝曾出現在我生命中的每位能量吸血鬼。若非你們，我不可能學到這些智慧，成為此刻的我。

深深感謝賀氏書屋總裁里德．崔西（Reid Tracy），感謝你捍衛此書，尤其書名。慶幸有你的鼎力支持，我才得以堅持走完此路；當初這個轉折看似出人意表，實則不然。

賀氏書屋營運長瑪格麗特．尼爾森（Margarete Nielsen），多虧她的傑出能力，讓這家出版社穩穩前航。

蘿拉．葛雷（Laura Gray）——我那鎮定如恆，編輯天賦獨具的好友，謝謝她亦步亦趨相伴——從緬因州去南達可達州，再原途返回。

安・巴索（Anne Barthel）——賀氏書屋的傑出編輯，她的技巧及洞見，大幅充實寫書過程，更提升了成書水準。派翠西雅・葛芙特（Patricia Gift），賀氏書屋副總裁暨組稿編輯——是澈底了解我的心靈姊妹。

瑞雪兒・弗洛森（Richelle Fredson）——賀氏書屋宣傳主管——我有幸共事經驗中，效率頂尖，幽默無敵的宣傳人員。

賀氏書屋電台整個團隊。我好愛我的節目Flourish!，及時互動的全球社群。

賀氏書屋所有同仁。能跟這樣厲害又可愛的團隊共事，夫復何求。

喬治・西蒙醫師，與醫學博士桑德拉・布朗——我要向兩位對人格異常研究的貢獻致上無比敬意，尤其在整個社會、特別是心理保健領域對這塊仍諱莫如深之時。您們展現的勇氣與傑出的研究，讓此書受惠良多，更照亮了整個世界。

羅伯特・皮朗伯（Robert Palumbo）博士——感謝您三十五年臨床心理學累積的智慧，充分啟蒙我對人格異常及B群人格疾患的認識。

荷普・麥修，感謝這麼多年來，協助我透過筋膜理出頭緒，帶我開啟苦痛不再的美好人生。

茱莉・霍夫希莫（Julie Hofheimer），按摩中解讀深層訊息的功夫，無人能及。

梅蘭妮・艾瑞克森（Melanie Ericksen）——「神奇的人魚巫醫」（Magical Mermaid Medicine Woman），謝謝你見證我多年的療癒成長，謝謝你的火候與慈悲，更不用說，你的堅定友誼。

麥克・沛瑞（Mike Perry）——人稱「索爾」——謝謝你讓我見識，一個人可以多麼有趣、自在、博學、熱心、深刻、天蠍個性又值得信賴。

寶莉娜・卡爾（Paulina Carr）——謝謝你在住校時的忠誠陪伴與解惑，仰慕你從容應付一切的能力。

珍娜・蘭伯特（Janet Lambert）——多虧你這些年幫我處理財務，你對滑水、跳傘、浮潛的熱愛，更是我心目中的逆齡女神。

闊森・喬爾森（Coulson Duerksen），我的網站（drnorthrup.com）編輯。謝謝你是如此敏於時事的編輯與作家，充分掌握健康永續的最新趨勢。

派特・馬凱（Pat McCabe）——我的管家。謝謝你的神奇存在、處事本領、耿耿忠心。我充滿感激。

最後，我要感謝黛安・葛洛維（Diane Grover）——我各方面的祕書長，最忠誠的武士，檔案管理人，我生命中所有吸血鬼的見證人，可以大玩黃色幽默的夥伴，更是溫暖可靠的老友。

BC1063

遠離能量吸血鬼

人際病態關係的原型

Dodging Energy Vampires : An Empath's Guide to Evading Relationships That Drain You and Restoring Your Health and Power

作　　者　克莉絲汀・諾瑟普博士（Christiane Northrup）
譯　　者　劉凡恩
責任編輯　田哲榮
協力編輯　朗慧
封面設計　柳佳璋
內頁構成　李秀菊
校　　對　吳小微

發 行 人　蘇拾平
總 編 輯　于芝峰
副總編輯　田哲榮
業務發行　王綬晨、邱紹溢
行銷企劃　陳詩婷
出　　版　橡實文化 ACORN Publishing
地址：10544臺北市松山區復興北路333號11樓之4
電話：02-2718-2001　傳真：02-2719-1308
網址：www.acornbooks.com.tw
E-mail：acorn@andbooks.com.tw

發　　行　大雁出版基地
地址：10544臺北市松山區復興北路333號11樓之4
電話：02-2718-2001　傳真：02-2718-1258
讀者傳真服務：02-2718-1258
讀者服務信箱：andbooks@andbooks.com.tw
劃撥帳號：19983379 戶名：大雁文化事業股份有限公司

印　　刷　中原造像股份有限公司
初版一刷　2018年12月
初版三刷　2022年11月
定　　價　330元
ISBN 978-957-9001-78-6

國家圖書館出版品預行編目資料

遠離能量吸血鬼：人際病態關係的原型／克莉絲汀・諾瑟普（Christiane Northrup）作；劉凡恩譯. -- 初版. -- 臺北市：橡實文化出版：大雁文化發行, 2018.12
面；　公分
譯自：Dodging energy vampires : an empath's guide to evading relationships that drain you and restoring your health and power
ISBN 978-957-9001-78-6（平裝）
1. 人格特質　2. 同理心
173.7　　107017652